HERDERBÜCHEREI

BAND 994

Worauf es ankommt

in unserem Glauben, wollen wir wissen. Was macht uns eigentlich zu Christen? Welche Wahrheiten prägen unser Leben, geben uns Orientierung und Halt? Viele Menschen fragen heute – zweifelnd oder auch verzweifelt –, woran man sich nach all den theologischen Diskussionen der letzten Jahre überhaupt noch halten kann. Die Serie

Worauf es ankommt

gibt auf diese bedrängenden Fragen eine Antwort, an die der Leser, auch in Krisensituationen, sein Leben festmachen kann. In jedem Band wird ein unverzichtbares Grundthema des Christentums auf doppelte Weise entfaltet:

- im ersten Teil durch eine engagierte Hinführung zur Glaubenswahrheit
- im zweiten Teil durch das Angebot der entsprechenden Bibelstellen.

Jeder Band ist also Einführung und Einübung, Lese- und Lebensbuch zugleich. Zug um Zug entsteht hier eine kleine Glaubensbibliothek, die uns sagt,

Worauf es ankommt.

Über den Autor

Alfons Deissler, geboren 1914, seit 1951 Ordinarius für alttestamentliche Literatur an der Theologischen Fakultät der Universität Freiburg, von Anfang an ein Verfechter der neuen Methode der Forschung am Alten Testament auch im katholischen Bereich. Schwerpunkte seiner wissenschaftlichen Arbeit (Kommentare): Psalmen und Propheten.
Weitere Publikationen: Bibeltheologische Durchblicke und Zusammenfassungen. Sein besonderes Anliegen (Vorträge und Publikationen): die Aktualisierung der alttestamentlichen Botschaft.

BIBLISCH GLAUBEN!

VON

ALFONS DEISSLER

HERDERBÜCHEREI

Originalausgabe
erstmals veröffentlicht als Herder-Taschenbuch

Buchumschlag: Helmut Baumgart

Herder Freiburg · Basel · Wien
Herstellung: Freiburger Graphische Betriebe 1982
ISBN 3-451-07994-1

INHALT

Einleitung 9

A)
GLAUBEN IM VORFELD
DES CHRISTLICHEN GLAUBENS

I. »Glauben« im Sprachgebrauch und in der Erfahrungswelt 13
II. »Glauben« in der Welt des Religiösen und der Religionen 14
III. Zum Verhältnis von Glauben und Wissen 15

B)
GLAUBEN ALS GLAUBENSAKT
IN DER BIBEL

I. Glauben als Glaubensakt im Alten Testament . . . 19
1. Der Glaube Abrahams, des Vaters und Vorbildes aller Gläubigen (Gen 15,1–9, Text 1) 21
2. Der Glaube Israels und seine Bedeutung nach Jesaja 26
a) »Jahwe glauben« als Gebot der geschichtlichen Stunde (Jes 7,1–9, Text 2) 27
b) Gläubiges Vertrauen auf Jahwe, nicht auf Ägypten (Jes 31,1–3, Text 3) 31

3. Das Bekenntnis gläubigen Vertrauens in den Psalmen 33
4. Die Ursünde des Unglaubens 38
II. Glauben als Glaubensakt im Neuen Testament . . 41
1. »Glauben« in der Botschaft des heiligen Paulus . 42
a) »Glauben« in Gal 3,1–14 (Text 5) 43
b) »Glauben« in Röm 3,21–4,25 (Text 7) 45
2. »Glauben« in den Evangelien 47
a) »Glauben« in den synoptischen Evangelien . 48
b) »Glauben« im Johannesevangelium 51
III. Biblisches Glauben als »Tun« 55

C)
DIE GRUNDTHEMEN DES BIBLISCHEN GLAUBENS

I. Das JAHWEH-Sein Gottes 63
II. Jahwe als »Schöpfer des Himmels und der Erde« . 68
III. Jahwe als Gott des »Bundes« und der Bundesgeschichte 73
1. Der »Bund« Jahwes mit Abraham als göttlicher Verheißungseid (Gen 15,7–21, Text 24) 74
2. Der »Bund« Jahwes mit Israel (Ex 24,1–11, Text 26) 77
3. Der »Neue Bund« nach Jer 31,31–34 (Text 27) . . 79
4. Der endzeitliche »Ehe-Bund« Jahwes mit dem Jahwevolk (Hos 2,18–25, Text 18) 80
IV. Die Kulmination der göttlichen Zuwendung in Jesus dem Christus 83
1. Die alttestamentliche Erwartung eines messianischen Heilbringers 85
a) Der »königliche« Heilsmittler 86
b) Der Jahwe-Knecht bei Deutero-Jesaja 89

c) Der »Menschensohn« von Dan 7,1–27 (Text 36) 91
2. Die neutestamentliche Botschaft von Jesus dem Christus als »Heil« und als »Heiland« 94
a) Jesu Botschaft von Gottes Herrschaft und Reich 96
b) Die Botschaft und der »Bote« 98
c) Jesu Tod, Auferweckung und Erhöhung . . . 100
aa) Der Christus ist »für« und zugleich »wegen« unserer Sünden gestorben 102
bb) Jesus der Christus ist von Gott nicht im Tode belassen, sondern auferweckt worden (in eine himmlische Existenz hinein) 103
cc) Jesus der Christus ist der »zur Rechten des Vaters Erhöhte« 105
d) Jesus Christus, der Sohn Gottes 107
V. Das Leben Gottes als eine dreieinige Lebensfülle . 113
1. Die alttestamentliche Vorbereitung der Botschaft vom dreieinigen Gott 114
2. Neutestamentliche Zeugnisse 117

SCHLUSSTEIL:
DIE ANFECHTUNGEN DES GLAUBENS
122

DIE HEILIGE SCHRIFT
ÜBER DEN GLAUBEN
131

Literatur 189

EINLEITUNG

In einer Reihe »Worauf es ankommt« – gemeint ist: im Glaubensbereich! – ist ein Band mit dem Thema »Biblisch glauben!« ein fundamentales Erfordernis. Doch ist die Durchführung der Aufgabe mit allerlei Hypotheken belastet. Zunächst ist schon das sprachliche Wortfeld »Glauben« ebenso weiträumig wie in vielem zugleich unbestimmt. Unter Christen, zumal unter Katholiken pflegt man bei »Glauben« zuerst an den Inhalt, d. h. an die einzelnen Glaubenslehren oder gar an ein »Lehrgebäude« zu denken. Sie erwarten darum vielleicht in erster Linie eine biblische Begründung von »Glaubenssätzen, auf die es besonders ankommt«. Die Bibel als ein völlig unsystematisches Gesamtbuch mit den verschiedensten Textsorten aus sehr verschiedenen Epochen und Milieus erweist sich aber als recht sperrig gegenüber Erwartungen, die sich an den Glaubensbekenntnissen oder gar an Katechismen orientieren. Zudem wird sich erweisen, daß auf biblischer Ebene dem Glauben als Akt ein mindestens ebenso großes Gewicht zugemessen wird wie dem Inhalt des Glaubens. Diese Akzentuierung unterscheidet das »Glaubensbewußtsein« der biblischen Verkündiger und Gläubigen von dem der heutigen Christen, die zu allererst nach der inhaltlich bestimmten »Glaubenslehre« (fides quae) zu fragen pflegen. In der Realisierung des Themas »Biblisch glauben« muß also der »Aktseite« des Glaubens ein besonders hoher Rang eingeräumt werden. Seine inhaltliche

Seite hat selbstverständlich dann auch ein Recht, genügend zu Gehör zu kommen. In einer Zeit verbreiteten Mißtrauens gegen die institutionelle Kirche (vgl. den häufigen Slogan »Jesus – ja, Kirche – nein!«) steht immer wieder die Frage auf: Ist das, was die Kirche lehrt, auch in der Heiligen Schrift als der Offenbarungsquelle schlechthin belegbar? Deshalb ist wenigstens der Versuch einer Antwort für unsere Thematik unabdingbar. Dabei kann es freilich in diesem Teil (Glaubensinhalt) nicht um eine auf einen kleineren Maßstab gebrachte »Biblische Theologie« gehen. Nur die gewichtigsten Themata vermögen hier artikuliert zu werden. Auf sie kommt es auch besonders an! Die Heilige Schrift selbst plädiert, wie sich zeigen wird, für eine solche »Rangordnung der Glaubenslehren«. Materielle Vollständigkeit wäre auch vom psychologisch-pädagogischen Standpunkt aus hier eher von Schaden als von Nutzen.

Die Heilige Schrift der Christenheit besteht aus dem Alten (bzw. ersten) und dem Neuen (bzw. zweiten) Testament. Wenn in »Biblisch glauben!« ein Alttestamentler auch im Namen des Neuen Testamentes das Wort nimmt, scheint auch dies eine Hypothek für das Gelingen zu sein. Doch müssen ja auch die Neutestamentler bei thematischen Arbeiten immer beide Testamente in Betracht ziehen und übergreifen. So radikal verschieden, wie man sich dies in »Laienkreisen« manchmal vorstellt, sind weder die Arbeitsgebiete noch die Arbeitsmethoden. Wenn zudem aus langer Erfahrung sich ergibt: Das Alte Testament lehrt manchmal das Neue Testament neu verstehen!, kann der Nachteil, daß ein Exeget des Alten Testaments hier die Linien markant auch ins Neue Testament auszieht, auch Chancen zu neuer Sicht enthalten. Es wird in jedem Fall hier der aussichtsvolle Versuch gemacht, in die Quellgründe des gesamtbiblischen Glaubensstromes hinaufzusteigen, um neu »Aussicht« und Übersicht zu gewinnen.

Vielleicht läßt sich dabei eine vertiefte Erfahrung gewinnen von jenem »Quell, der ewig frischt, ewig sich kredenzt und mit seinem blanken Gischt alle Nacht beglänzt« (Werner Bergengruen).

Die Wege der hier vorgelegten Darstellung des Themas sind verschieden, je nachdem ob thematisch charakteristische Bibeltexte selbst nach Auslegung rufen, oder ob sich textübergreifende und auf viele einschlägige Textstellen sich stützende thematische Zusammenfassungen als bessere Lösung anbieten. Jedenfalls sind im zweiten Teil des Bandes die wichtigsten Texte, die so oder so zu Wort kommen, ausführlich zitiert, und zwar auf Wunsch des Verlages nach der »Jerusalemer Bibel«. Nur an wenigen Stellen ist einiges wenige geändert. Die Texte selbst sind mit Nummern versehen, auf die im Darlegungsteil je und je hingewiesen wird.

Auf Literaturangaben ist – außer einem am Schluß stehenden summarischen Verzeichnis weiterführender Publikationen – verzichtet. Der kundige Leser wird aber rasch dessen inne werden, daß das Büchlein, wie es das wissenschaftliche Ethos erheischt, nicht ohne aufmerksamen Dialog mit anderen Autoren entstanden ist. Freilich: der eigene lange Dialog mit der Bibel selbst bleibt unersetzlich.

A) GLAUBEN IM VORFELD DES CHRISTLICHEN GLAUBENS

I. »GLAUBEN« IM SPRACHGEBRAUCH UND IN DER ERFAHRUNGSWELT

»Glauben« als Zeitwort und sein Substantiv »der Glaube« sind in unserem alltäglichen Sprechen oft verwendete Wörter. Dem Ursprung nach (vgl. das althochdeutsche »gilouben«) hängt glauben mit »lieb« zusammen und bedeutet: sich etwas »lieb« d.h. vertraut machen. In der Sprachentwicklung hat das Verbum eine doppelte Bedeutungsmöglichkeit gewonnen: 1. die Bedeutung von »meinen«, »annehmen«, »der Ansicht sein« (vgl. das Sprachspiel: ich glaube, daß es morgen regnet). 2. die Bedeutung »einem andern Menschen (etwas) glauben« d.h. ihm trauen und vertrauen und seine Worte als wahr erachten und übernehmen. Im ersten Falle ist »glauben« auf ein Objekt im Akkusativ bezogen (»daß« = »das«!), wie etwa das bekannte Zitat von Julius Caesar dartut: »Die Menschen glauben das gern, was sie wünschen.« Im zweiten Fall ist nicht der Akkusativ, sondern der Dativ der dem Verbum nächste Kasus wie z.B. im Sprichwort: »Wer niemandem glaubt und jedermann, hat beiderseits nicht wohl getan!« Beiden Fällen ist allerdings dieses gemeinsam: man hat kein unmittelbares Wissen, so sehr auch im zweiten Fall der Grad der Gewißheit überaus hoch sein kann. Das Substantiv »der Glaube« ist im allgemeinen Sprachgebrauch zumeist mit »Überzeugung« deckungsgleich, worauf sich diese Überzeugtheit auch beziehen und sich begründen mag. So spricht man z.B. vom »Glauben an die Nation« und ebenfalls vom »Glauben an Gott«.

II.
»GLAUBEN« IN DER WELT DES RELIGIÖSEN UND DER RELIGIONEN

Auf dem Gebiet des Religiösen ist »Glaube« fast ein Wechselwort für »Religion« geworden. Das Wort meint in diesem Zusammenhang vorab etwas Inhaltliches, d. h. konkret: die Summe der Glaubensvorstellungen, welche die religiöse Überzeugung ausmachen und auch die entsprechenden Riten prägen. So spricht man ziemlich undifferenziert etwa vom schintoistischen, vom buddhistischen, vom islamischen, vom jüdischen, vom christlichen Glauben. Gewiß liegen den verschiedenen Religionen bestimmte Überzeugungen vom Wesen des »göttlichen Bereiches« zugrunde, und diese Überzeugungen drängen je und je zu entsprechenden Verhaltensweisen, aber wenn man näher zusieht, haben das »Glauben« (als Akt) und der »Glaube« (als Inhalt) eine sehr verschiedenartige Gestalt und vor allem einen überaus unterschiedlichen Stellenwert. »Glauben« als innermenschlicher Akt erhält (trotz der verbreiteten Annahme einer ursprünglichen Offenbarung der Gottheit) außerhalb der sogenannten »prophetischen Religionen« (Judentum, Christentum, Islam) kaum ein besonderes Profil, während letztere ihm im Sinne des Sprachspiels: »ich glaube dem Gotteszeugen und (durch seine Vermittlung) Gott« eine zentrale Bedeutung im Bereich der Frömmigkeit zusprechen. Damit wird zugleich etwas Analoges auch auf dem Feld des Glaubensinhaltes sichtbar: Wo der Glaubensakt als fundamental angesehen wird, ist die Bindung an einen Gott als den »Alleinzigen« eine ausschließliche (»keine andern Götter!«), d. h., wir haben es letztlich mit Monotheismus (»Eingottglaube«) zu tun. Außerhalb der monotheistischen Religionen bleibt der göttliche Bereich viel unbestimmter, er ist gleichsam eine offene Größe, deren nähere Bestimmung von: »Das All ist göttlich« bis zum Polytheismus mit einem stark ausdifferenzierten Pantheon (himmlischer Götterstaat) reicht. Aber selbst dieser »Götterstaat« bleibt variabel je nach den geschichtlichen Abläufen auf Erden. Es können neue und andere Götter (aus andern Religionen und Überlieferungen) hinzutreten und einbezogen werden, ja selbst die monarchische Spitze (der Obergott) des Pantheons kann wechseln (vgl. den Übergang von Anu als dem höchsten Gott der Mesopotamier zu Marduk als dem »Götterkönig« der Babylonier oder die praktische Ersetzung des Hochgotts El durch den Wetter- und Fruchtbarkeitsgott Baal bei den späteren Kanaanäern).

III.
ZUM VERHÄLTNIS VON GLAUBEN UND WISSEN

»Alle Menschen streben von Natur aus nach dem Wissen«; diese bekannte These des griechischen Philosophen Aristoteles ist die Folgerung aus der philosophischen Grunderkenntnis, der Mensch sei ein »Lebewesen mit Vernunft« (animal rationale). Sie hat den geistesgeschichtlichen Gang des Abendlandes geprägt und zu einem stetigen Unterwegssein von Wissen zu Wissen gemacht. Die wachsende Bedeutung der reflektierenden Vernunfterkenntnis (»Logos«) hat schon bei den Griechen zu Spannungen mit der religiösen Weltdeutung (»Mythos«) geführt und zur Auflösung der tradierten Religion in spätgriechischer Zeit mit beigetragen. Auch im nachexilischen Judentum wird die Problematik des Verhältnisses zwischen Glauben und Wissen durch die Berührung und Auseinandersetzung mit dem Hellenismus aktuell und in je verschiedener Weise angesprochen wie etwa im Buch Kohelet und im Buch der Weisheit Salomos. Im Christentum bricht sie noch in der apostolischen Zeit auf und hinterläßt sowohl bei Paulus wie in den johanneischen Schriften ihre je verschiedenen Spuren. Schon in der frühen Väterzeit müssen die christlichen Apologeten sich mit ihr auseinandersetzen, und seitdem begleitet die Erörterung der Relation zwischen Glauben und Wissen und der Streit darüber die abendländische Theologie und Geistesgeschichte bis in unsere Tage. Es ist hier nicht der Ort, die wechselvolle Geschichte dieser Problematik auch nur skizzenhaft nachzuzeichnen. Nur die gegenwärtige Geisteslage kann und muß in aller gebotenen – leider vereinfachenden – Kürze angesprochen werden. Sie ist besonders gekennzeichnet einerseits durch das Übergewicht jener philosophischen Strömungen, welche in ihrer »Religionskritik« (Feuerbach, Nietzsche, Marx, Freud, Bloch u.a.) den »Tod Gottes« als »Erlösung des Menschen« verkünden, und andererseits durch die rasante Entwicklung der Naturwissenschaften und der mit ihnen verbundenen Technik. Das »gottlose« 20. Jahrhundert mit seinen von Menschen den Menschen auferlegten Katastrophen (wobei nur die Stichworte »Archipel GULAG« und »Auschwitz« angeführt werden sollen) hat die Botschaft von der totalen Emanzipation des Menschen, die zu einem neuen Mythos hochstilisiert wurde, bereits gründlich widerlegt. »Die Loskettung der Erde von der Sonne« (dieses sprechende Bild gebraucht Friedrich Nietzsche für die Loslösung des Menschen von Gott!) hat nicht in den verheißenen Glanz der glückenden Freiheit, sondern in das böse Dunkel des Chaos geführt. Auf der andern Seite haben die Naturwissenschaften zwar die Grenzen der Naturerkenntnis weit hinausgeschoben, aber sie haben den Gottesglauben nicht zu einer jetzt aufzugebenden »Arbeitshypothese« gemacht. Da das Verhältnis von Bekanntem und Unbekanntem (letzeres wächst sogar nach dem Bekenntnis vieler heutigen Naturforscher) sich nicht wesenhaft wandeln ließ, ist die »Erahnung« eines alle erfahrbare Wirklichkeit umgreifenden Mysteriums für unvoreingenommene Geister eher deutlicher als schwächer geworden. Im technischen Bereich hat sich der »Gott des Fortschritts«, der den lebendigen und wahren Gott bei vielen bereits verdrängt hatte, als »inhumaner Götze« entlarvt, welcher der Menschheit eher den Tod als das Leben bringt. Die Frage nach dem »Sinn im ganzen«, die dem menschlichen Geiste eingestiftet ist, aber in der Moderne zumeist als »hinterwäldlerisch« denunziert wurde, bricht in unseren Tagen mit Macht neu auf. Ob damit allerdings auch eine »Renaissance des christlichen Glaubens« einsetzt, ist noch nicht entschieden. Die Chance dafür ist jedenfalls gegeben, wenn man mit christlichem Glauben nicht einfachhin seine gestrige Gestalt meint. Falls nicht alles trügt, naht die günstige Zeit und Gelegenheit (»Kairos«) eines neuen und alle neueren Horizonte im Bereiche der Natur- und Humanwissenschaften einerseits und der Theologie andererseits einbeziehenden Dialogs und vielleicht sogar einer fruchtbaren Symbiose beider »Vernehmbereiche« des Menschen heran. Die Bereitschaft zum Dialog scheint auf beiden Seiten bereits in genügendem Maße vorhanden zu sein. Er wird die allzu lange geltende »neuere« Meinung, die Arthur Schopenhauer in einem Aphorismus so formuliert hat: »Glauben und Wissen verhalten sich wie die zwei Schalen einer Waage; in dem Maße, als die eine steigt, sinkt die andere«, mit Sicherheit außer Kraft setzen. Das vielzitierte »Credo, quia absurdum« (»ich glaube es, weil es widersinnig ist«) des Kirchenvaters Tertullian wird dann endgültig als Waffe gegen den Glauben untauglich sein. Bewähren wird sich dagegen – wie schon in Vergangenheit und Gegenwart bei vielen zugleich Wissenden und Glaubenden – die Formulierung Augustins: »Ergo intellige, ut credas, crede ut intelligas« (»Erkenne, damit du glaubst, glaube, damit du erkennst«, Ep. 120 Pl 33,453 f).

Dies bedeutet keineswegs eine Vermischung beider »Vernehmensweisen« (bzw. des »Lichtes der Vernunft« und des »Lichtes des Glaubens«), sondern ihre im menschlichen Geist sich herstellende fruchtbare Korrelation. Ihr hat auch Goethe schon das Wort geredet: »Man muß von dem Grundsatz ausgehen, daß Wissen und Glauben nicht dazu da sind, einander aufzuheben, sondern einander zu ergänzen« (Gespräche mit Falk, 1813). In unseren Tagen hat vorab Pierre Teilhard de Chardin (1881–1955), der immer noch einflußreiche Paläontologe, Anthropologe und Theologe, exemplarisch das angezielte »Zusammen« von Wissen und Glauben vorgelebt. Er bekennt von seinem das Wissen umfangenden Glauben: »Glauben wir? Dann beginnt alles um uns herum zu leuchten und nimmt Gestalt an: der Zufall ordnet sich ein, der Erfolg erhält eine unzerstörbare Fülle, der Schmerz wird zur Heimsuchung und Liebkosung Gottes. Zögern wir? Dann bleibt der Fels ohne Wasser, der Himmel schwarz, das Meer heimtükkisch und stürmisch« (Der göttliche Bereich, Freiburg/Br. – Olten 1962, S. 164f).

B)
GLAUBEN ALS GLAUBENSAKT IN DER BIBEL

Die Bibel besteht für Christen nicht einfachhin aus den Büchern des Neuen Testaments. Das Neue Testament verweist auf jeder Seite direkt oder indirekt auf das Alte Testament, das für Jesus, die Apostel und die Urkirche noch die alleinige heilige Schrift war (vgl. 2 Tim 3,10). Ein zureichendes Verständnis des Neuen Testaments ist darum ohne Bezugnahme auf seine alttestamentlichen Prämissen nicht möglich. Bei unserer Thematik »Glauben« wird dies überdeutlich. Denn Paulus, der große »Theoretiker des Glaubens« verweist in seinen einschlägigen Ausführungen seine Christen immer wieder auf Abraham (vgl. Röm 4,1–23; Gal 3,6–18) und verkündet kurz und bündig: »Die aus dem Glauben sind, sind Söhne Abrahams« (Gal 3,7). Um zu erkennen, was »biblisch glauben« heißt, werden wir Christen also vom Apostel gleichsam hinabgesandt zum »Erzvater Israels«, mit dem die besondere Heilsgeschichte Gottes mit dem Gottesvolk, dem alten und dem neuen, eingesetzt hat.

I.
GLAUBEN ALS GLAUBENSAKT IM ALTEN TESTAMENT

Das Alte Testament oder besser: »Die Bibel Israels und Jesu« ordnet den Menschen »von Haus aus«, d.h. von der Schöpfung her in ein enges Korrespondenzverhältnis zu

Gott ein (vgl. Gen 1,26: »Lasset uns den Menschen machen als unser Bild, uns ähnlich!«). Erst recht wird der Mensch in der Dimension der Geschichte als der von Gott in ein Sonderverhältnis zu ihm (»Erwählung und Bund«) Gerufene in eine ganz enge Beziehung zu Gott gestellt, und zwar in eine Relation, die nicht nur sein Sein, sondern vorab seine Seins- und Selbstverwirklichung, also sein Tun betrifft und bestimmt. Der Mensch ist in der Schrift darum von vornherein ein »Wesen im Vollzug«. Dieser Vollzug ist stets ein überaus lebendiger und zugleich vielfältiger. Der »Begriffe« für die Bezugnahme des Menschen zu Gott sind darum viele, aber sie sind am Rande zumeist unscharf und gehen darum häufig partiell ineinander über. So gibt es zwar ein hebräisches »Kernwort« für glauben *(he'emīn),* aber eine ganze Reihe von Verben, vorab aus dem Wortfeld des »Vertrauens« und »Hoffens«, können dieses »Kernwort« vertreten und wollen es damit zugleich akzentuieren und erläutern. Man kann also nicht mit einer Wortstatistik von *»he'emīn«* sein Gewicht und seine Bedeutung vor Augen führen; dies vermag man nur an markierenden, das »Kernwort« in die Mitte rückenden Texten wie z.B. Gen 15 und Jes 7. Von daher wird seine zentrale Gewichtung genügend deutlich. Doch gehört sodann auch das Wortfeld des Vertrauens und der Hoffnung in eine Erörterung des biblischen Glaubens. Es läßt sich insbesondere aus der Psalmodie Israels erheben und zugleich thematisch ausfalten. Schließlich wären Texte zu besprechen, wo es – ohne entsprechendes Vokabular – um »die Sache« des Glaubens geht. Um sie handelt es sich im Grunde z.B. in der berühmten und theologisch »hochkarätigen« Erzählung von Gen 2–3.

1. Der Glaube Abrahams, des Vaters und Vorbildes aller Gläubigen (Gen 15,1–9, Text 1)

Die biblischen Vätergeschichten gehen ursprünglich auf Familienüberlieferungen der Vorväter Israels zurück, welche dann Sippen- und Stammestraditionen geworden sind in der Weise der »Stammvätersaga«, ehe sie ab Ende des 10. Jahrhunderts v. Chr. ihre jetzige literarische Form und Gestalt bekamen. Abraham ist ein außerbiblisch im 2. Jahrtausend v. Chr. mehrfach belegter Personenname. Dieser Tatbestand und der ursprüngliche Charakter der Abrahamserzählungen als Familiengeschichte bürgen dafür, daß es sich bei ihm um eine historische Einzelpersönlichkeit handelt (nicht um eine Personifikation eines Stammes!). Desungeachtet ist der Abraham der Bibel mehr als der Abraham der Historie. Denn es ist der Gattung der Stammvätersaga eigen, die Erfahrungen der sie überliefernden Gruppe in das Bild des Stammvaters mit einzubeziehen und einzuzeichnen und die in irgendeiner Hinsicht exemplarischen Züge an ihm besonders zu profilieren. Der den Endtext der Heiligen Schrift als Gotteswort garantierende Heilige Geist hat das vorausliegende allgemeinmenschliche Verfahren der Stammvater-Stilisierung autorisiert und läßt die Schrift so Abraham als den »verkündigten Abraham« jeder Generation neu vorstellen. Welcher literarischen Art die biblischen Erzählungen jeweils auch zugehören, immer ist und bleibt der heilige Text vollgültige Anrede an uns. Wiewohl also Gen 15 gewiß kein »historisches Protokoll« darstellt, ist das große theologische Gewicht des Textes nicht zu bezweifeln und nicht zu bestreiten. Die »Wort-Welt«, nicht die »Sach-Welt« ist die nächste Welt des Menschen und des Christen erst recht, und damit ist die letztlich gottgewirkte »Wortwelt« der Heiligen Schrift eine »Wirklichkeit ihrer Art«, die von Gott zum Wirken an den Hörern und Lesern seiner Botschaft bestimmt ist.

Die Gottesoffenbarung an Abraham wird uns hier ganz ähnlich vergegenwärtigt wie der Offenbarungsempfang der Propheten (vgl. Jes 6; Jer 1). Ein solches Gotteswiderfahrnis ist für die alten Orientalen, die eine besondere Sensibilität für das Erschreckende der göttlichen Übermächtigkeit ihr eigen nennen (vgl. Ex 3,5), etwas an sich Furchterregendes. Darum ist hier wie sonstwo (vgl. Gen 26,24; 46,3 u.a.) der erste Anruf Gottes ein Aufruf, Furcht und Zittern abzulegen. In diesem ersten Gotteswort bezeugt sich bereits die gütige Zukehr Gottes zum Angesprochenen. Diese tritt erst recht ins Licht, wenn Jahwe sich vorstellt als »Schild« (vgl. Ps 3,4; 28,7; 33,20 u.a.). Nicht nur seine mächtige Hilfe ist wie ein Schutzschild, der den vielbefochtenen Nomaden und seine Sippe unsichtbar umgibt (vgl. Ps 5,13), sondern Gott nennt sich hier selbst »Schild« (vgl. das Bekenntnis des Psalmisten: »Von rückwärts und vorne umgibst du mich, und du legst auf mich deine Hand«, Ps 139,5). Das ist eine unerhört verdichtete Zusage Gottes und hat das Bewußtsein Israels stark geprägt. Die zusätzliche Verheißung vom »Lohn« meint die Frucht dieses göttlichen Beistandes. »Lohn« ist zwar oft gebraucht im Sinne von Entlohnung einer Leistung, gewinnt aber im religiösen Sprachgebrauch manchmal die erweiterte Bedeutung »Anerkennungsgeschenk« und weist damit zugleich auf die freie Gnade Gottes hin, die an sich nicht »erleistet«, sondern nur empfangen und dann durch gottgetreues Tun bewahrt werden kann.

Dieser »fundamentale«, weil alles weitere fundamentierende Zuspruch trifft einen Abraham, der in schwere Zweifel verstrickt ist. Seine Situation, die im Alten Testament fast als Fluch gewertete Kinderlosigkeit, spricht (für Abraham!) gegen jegliche Zukunft. Die schon früher empfangene Verheißung einer großen Nachkommenschaft (vgl. Gen 12,2) einerseits und die konkrete Wirklichkeit andererseits werden von Abraham als schreiende und quälende Gegensätze empfunden. Er faßt sich darum ein Herz und stellt seine innere und äußere Lage im frei gewagten Wort vor seinen Gott hin. Solch mutiges Klagen, das sich sogar zur Anklage Gottes steigern kann, findet sich im realistischen Alten Testament immer wieder, etwa bei Jeremia (vgl. 15,10–11.17–18; 20,7–10.14–18), bei Ijob (allenthalben in seinen Redegängen), bei vielen Psalmisten (vgl. 10,1; 22,1; 43,2; 44,24; 74,1.11 u.ö.). Zeitweilige Glaubenszweifel gehören hier nicht zum Sündenkatalog, sondern sind von Gott tolerierte Zeugnisse menschlicher Befindlichkeit. Nur trägt man sie in Israel zuerst dem göttlichen Bundespartner vor (man behelligt erst in zweiter Linie Mitmenschen damit!) und tut so bereits einen ersten Schritt in eine neu sich schenkende Gläubigkeit hinein. Die klagende Frage an Gott kennt selbst Jesus, indem er Ps 22 (»Mein Gott, mein Gott, warum hast du mich verlassen?«) zu seinem Gebet am Kreuze macht (Mk 15,34; Mt 27,46).

Jahwe tadelt Abraham nicht. Er setzt aber auch kein Wunderzeichen, um ihm eine handgreifliche Stütze für den Glauben zu geben. Er erneuert nur seine Verheißung, allerdings in einer besonders eindrucksamen Weise. Abraham wird von ihm veranlaßt, aus seinem ihn im wörtlichen Sinn »umnachtenden« Zelt herauszutreten unter die Pracht des südlichen Sternenhimmels. An dessen unzählbaren Lichtpunkten veranschaulicht Gott sein Verheißungswort von der zahlreichen Nachkommenschaft. Durch diese sinnenhafte Wahrnehmung einer vom göttlichen Wort zum Bild und Gleichnis erhobenen irdischen Wirklichkeit wird Abraham ein sich neu Besinnender. Seine Zweifel lichten sich unter dem Licht der Gestirne, die der Schöpfergott so herrlich ins Dasein gerufen hat (vgl. Jes 40,26; Ps 8,2.4; 147,4). Der ins Gleichnis

Schauende wird zu einem dem Gleichnislehrer Glaubenden.

Das hebräische Verbum, das in dem unsern Text krönenden »Schlußstein«-Satz: »Er glaubte Jahwe, und der rechnete es ihm zur Gerechtigkeit an« (V.6), verwendet wird, hängt eng mit dem auch uns vertrauten hebräischen Wort »Amen« zusammen und bedeutet eigentlich: »sich festmachen, Stand nehmen« und wird darum wie hier häufig mit dem Vorwort »in« (hebr. *»be«*) konstruiert. Wir könnten darum übersetzen: »Er nahm Stand in Jahwe.« Abraham machte also das Verheißungswort Jahwes zum Fundament seines Lebens. Glauben ist biblisch ein den gesamten Menschen umfassender und »verfassender« Akt, der sich zuerst und zunächst auf die Person Gottes bezieht und *ihm* etwas glaubt. Es handelt sich dabei um einen Akt von Person zu Person und damit um weit mehr als ein »Führwahrhalten von Glaubenswahrheiten«. Das biblische Glauben folgt also dem Sprachspiel »ich glaube dir« und nicht dem uns mehr vertrauten »ich glaube, daß ...«. Der erste Kasus des Verbums ist der Dativ, nicht der Akkusativ. Das Erstentscheidende am Glauben kann darum, weil Gott selbst der Urheber dieser Grundorientierung für den einzelnen Gläubigen und für das Gottesvolk ist, kein Verzeichnis von Glaubenssätzen und damit auch kein Lehrgebäude sein, so wichtig dieses dann im zweiten Rang auch werden mag. Die weithin übliche Glaubensformel »ich glaube, daß« (akkusativische Formulierung!) ist von der Bibel her mangelhaft und führt zudem in den meisten indogermanischen Sprachen zu einem möglicherweise folgenschweren Mißverständnis, weil hier im allgemeinen Sprachgebrauch »glauben« auch »meinen« bedeutet. Der Offenbarungsglaube muß sich also zuerst im »Wemfall« (Dativ) artikulieren: »Ich glaube dir, dem lebendigen Gott, dies und dies.«

Was aber glaubt nun Abraham seinem Gott? Nur der

Kontext – und das ist bezeichnend! – verweist auf den Inhalt des Gott Geglaubten. Dieses ist zu bestimmen als Jahwes bundeswillige Zuwendung, wie sie sich im Verheißungswort anzeigt und bezeugt. Damit wird der Taten setzende Bundeswille Jahwes zum »Hauptgegenstand« und zum zentralen Thema des Glaubens. Die alles krönende Haupttat der engagierten Zukehr Gottes zu Welt und Mensch liegt aber noch in der Zukunft, die er als der »kommende Gott« selbst sein wird (vgl. »Gott alles in allem [und in allen!]« in 1 Kor 15,28). Alle vorhergehenden Heilstaten macht diese »Haupt-Tat« zu »Voraustaten«, »Angeldern« und »Vorgaben« dieser Zukunft. In dieser Perspektive wird deutlich, daß das Glauben Abrahams ein währendes Modell biblischen Glaubens überhaupt ist. Vom Modellcharakter her läßt sich auch – und die Bibel bestätigt es immer wieder – erkennen, daß Gottes erstes Anliegen der »lebendige Glaube« als Akt ist (fides qua) und daher seine inhaltliche Bestimmung, so gewichtig sie auch ist, ein zwar eigenes, aber nachgeordnetes Gewicht hat. Wenn in der Kirche zeitweilig (aus zeitgeschichtlichen Gründen) und mancherorts der Akzent verschoben wurde (in der katholischen Kirche zur Inhaltsseite hin, in den Kirchen der Reformation in Polemik dazu einseitig zur Aktseite hin (»Fiduzialglaube«!), ist dies kein Grund, darin »ewig« zu verharren. Gerade der viel berufene »Glaubensgehorsam« setzt eine wache Hörsamkeit auf Gottes biblische »Maßgabe« voraus, da die Kirche nicht »Herrin«, sondern »Dienerin« des biblischen Offenbarungswortes ist (II. Vaticanum, Dogmatische Konstitution über die göttliche Offenbarung, Dei Verbum II 10).

Abrahams Glaube wurde ihm von Jahwe zur »Gerechtigkeit angerechnet«. »Anrechnung« meint im hebräischen Sprachverständnis mehr als eine äußere bzw. äußerliche Zurechnung. Das »Zugedachte« von seiten Gottes ist zugleich ein real »Zugesprochenes« und damit eine durch die schöpferische und wirkmächtige Kraft des göttlichen Sprechens gesetzte Wirklichkeit. Der glaubende Abraham wird von Gott zu seinem »rechten Bundespartner« gemacht und erhoben. Dies und nichts anderes meint der biblische »Verhältnisbegriff« Gerechtigkeit, auf den auch Paulus im Römer- und Galaterbrief insistiert.

Der Glaube ist also die »bund-gerechte« Grund-Antwort des Menschen auf Gottes Zuwendungs-Wort. Er ist damit gewissermaßen das Ufer, auf dem die Brücke, die Gott von sich aus zum Menschen schlägt, zum »Aufsitzen« und damit zur Wirksamkeit kommt. Von hier aus verstehen wir neu und tiefer die neutestamentliche Botschaft von »der Rechtfertigung durch den Glauben« (vgl. Röm 3,26; 5,1; Gal 2,16; 3,24; Phil 3,9 u.a.), der über jeder anderen religiösen »Leistung« steht, ja sie erst ermöglicht und gültig macht.

2. Der Glaube Israels und seine Bedeutung nach Jesaja

Wenn der Glaube, wie Gen 15,1–6 zeigt, so fundamental für das rechte Verhältnis des Menschen zu Gott ist, muß man sich wundern, daß er anscheinend in der Bundescharta des Dekalogs (Zehnergebot) nicht als erste Weisung, ja überhaupt nicht erwähnt wird. Doch verhält es sich nur »scheinbar« so. Die Propheten – das Wort Prophet bedeutet im Hebräischen »berufener Rufer«! – erhielten als ersten göttlichen Auftrag nicht das »Vorhersagen«, sondern die erneute Bewußtmachung der bereits erfolgten Willensoffenbarung Jahwes. Durch sie erfahren Israel und wir, daß das 1. Gebot (»Du wirst keine fremden Götter haben als mich« bzw. »neben mir«, Ex 20,3) durchaus mehr bedeutet als: nicht zu andern Göttern abfallen. Es schließt auch ein: nicht in Bündnissen mit fremden Mächten, aber auch nicht im Vertrauen auf eigene Machtmittel das »Heil

Israels« suchen. Der Prophet Hosea (ab 750 v. Chr.) verkündigt dies im Nordreich (vgl. Hos 7,3–7.8–12; 8,4.8–10; 10,13–15; 13,9ff; 14,4), der Prophet Jesaja (ab 740 v. Chr.) für Jerusalem und das Südreich. Es sind vor allem zwei authentische Jesajatexte, die in dieser Hinsicht für die Botschaft des großen Jerusalemer Propheten charakteristisch sind: Jes 7,1–9 und 31,1–3.

a) »Jahwe glauben« als das Gebot der geschichtlichen Stunde (Jes 7,1–9, Text 2)

Unser Text hat als Kulisse die Situation Syro-Palästinas im Jahre 734 v. Chr. Das assyrische Großreich greift unter Groß-König Tiglatpileser seit 740 immer stärker nach dem Westen aus und macht Staat um Staat zum Vasallen. Da sucht der König des Aramäerstaates von Damaskus eine rettende Koalition gegen den großen Angreifer zustande zu bringen. Beim König Nordisraels in Samaria findet er einen ersten Bundesgenossen. Nun soll auch König Ahas von Jerusalem und Juda der Allianz beitreten. Doch Ahas hält den Widerstand für aussichtslos und verweigert sich als Bundesgenosse. Von Damaskus und Samaria will nun der Beitritt des Südreiches mit Gewalt unter Ausschaltung des davidischen Königshauses erzwungen werden. Ganz Jerusalem und Judäa ergreift die schiere Angst vor den anrückenden Alliierten. Ahas entschließt sich zu zwei Abwehrmaßnahmen: 1. zu einem Hilfegesuch an den assyrischen Großkönig: er soll Damaskus und Samaria vom Rücken her angreifen; 2. zu einer beschleunigten Instandsetzung Jerusalems und vorab seiner prekären Wasserversorgung gegen die drohende Belagerung.

In diese Stunde des Zitterns und der überhasteten Vornahme von Rettungsmaßnahmen hinein (die im Falle des Hilfegesuchs an den assyrischen Großkönig mit dem großen Risiko verbunden waren, daß er Jerusalem Assur, den Obergott der Assyrer, aufoktroyierte) soll Jesaja ein zugleich warnendes wie wegweisendes Wort sprechen. Darum geht er zusammen mit seinem Sohn (dessen Symbolname »ein Rest kehrt zurück« bedeutet) zum die Festungswerke und die Wasserversorgung inspizierenden Ahas hinaus und fordert ihn und das Volk auf – in dieser Aufforderung liegt zugleich eine Verheißung! –, sich zu hüten vor dem Vertrauen auf eigene Rettungsmittel und im Bauen auf Jahwe allein zur Ruhe und Furchtlosigkeit und damit zur Geborgenheit in Jahwe (vgl. Jes 30,15; 32,17) zurückzufinden. Denn vor Jahwe, der »in Ruhe« überlegen dem Tumult in der Völkerwelt zuschaut (vgl. Jes 18,4), sind die beiden alliierten Könige bereits jetzt nur noch ausgebrannte Holzstummel, die keine Zukunft haben werden.

Der Text ist zwar im einzelnen schwierig und zeigt Spuren späterer Überarbeitung. Aber es kann kein Zweifel bestehen, daß der Prophet dem Ahas (und damit der Davidsdynastie) auf dem Walkerfeld (im Süden Jerusalems) den Beistand neu zugesprochen und den »Nicht-Bestand« der Feindkönige versichert hat. Damit sollte er den König und seine Männer in die Entscheidung zum »Glauben allein« hineinrufen, und er sollte es vorab dadurch tun, daß er in göttlicher Autorität das unvergängliche Wort formulierte: *'im lo' ta'amīnū, kī lo' tē'amēnū.* Hier ist mit der Wurzel des Wortes für »glauben« (vgl. Gen 15,6), also mit *'mn* (= »fest sein«, vgl. Amen!) ein unvergeßliches Wortspiel vorgenommen worden, das im Deutschen nur unvollkommen wiedergegeben werden kann (vgl. die Jerusalemer Bibel: »Wenn ihr euch nicht an mich haltet, werdet ihr keinen Halt haben.« Stuttgarter Einheitsübersetzung: »Glaubt ihr nicht, so überlebt ihr nicht.« Martin Luther: »Gläubet ihr nicht, so bleibt ihr nicht!« Hans Walter Wolff: »Wer kein Amen erklärt, kein Amen erfährt«). Dem Hebräischen am nächsten sowohl im Wort wie im Sinn mag die Übersetzung kommen: »Nehmt ihr nicht Stand (sc. in Jahwe), fürwahr, so habt ihr keinen Bestand.« Jedenfalls konnten Ahas und seine Berater an der Wortwahl des Propheten Jesja erkennen, daß er dabei offen auf die gewiß jedem Thronfolger neu zugesprochene Natanverheißung an David anspielte: »Dein Haus und dein Königtum sollen immer vor mir Bestand haben. Dein Thron soll für immer fest gegründet sein« (2 Sam 7,16). Doch hat der Prophet zugleich so allgemein formuliert, daß sein mit unnachahmlicher Prägnanz und in lapidarer Kürze geprägtes Wort eine währende Anrede an alle Generationen zu sein vermochte.

Ahas ist, so läßt der Folgetext erkennen, entschlossen, dem Prophetenwort nicht Folge zu leisten. Auch als ihm über das Wort hinaus von Jesaja noch ein »Gotteszeichen« als Beglaubigung der Verläßlichkeit angeboten wird, lehnt er ab mit dem fromm klingenden, doch angesichts des göttlichen Angebots sich schuldhaft verweigernden Wort: »Ich will Jahwe nicht versuchen« (7,12). Er entscheidet sich für die Lösung der Krise durch »immanente«, d.h. auf militärisch-politischer Ebene plausibel zu machende Maßnahmen der eigenen Aufrüstung und eines Stütz-Bundes mit Assur (vgl. 2 Kön 16,7ff). Letzteres wirkte sich in der Folge überaus verderblich für Ahas aus; denn »die Geister, die er rief, wurde er nicht mehr los«: Tiglatpileser schaffte ihm zwar im Augenblick Luft durch den Zugriff auf die Gebiete des Königs von Damaskus und des Königs von Samaria, und Ahas konnte im Nachstoß gegen ihre anfangs erfolgreich operierenden Heere sogar die Grenzen gegenüber dem Nordreich »verrücken« (vgl. Hos 5,10f). Doch die Hilfe Assurs brachte Jerusalem zugleich in eine bleibende Abhängigkeit vom assyrischen Großkönig, die auch im religiösen Bereich negative Folgen zeitigte (vgl. 2 Kön 16,10–16). So hat noch zu Jesajas Lebzeiten sein Wort »nehmt ihr nicht Stand, habt ihr keinen Bestand« »gegriffen«, sich also in der Geschichte auszuwirken begonnen, auch wenn die jetzt schon entscheidend geschwächte Davidsdynastie sich noch halten konnte bis zu ihrem Untergang 587/86 v. Chr. (Fall und Zerstörung Jerusalems durch Nebukadnezar).

Die feierliche Erklärung des Jesaja über die Konsequenzen von Glauben oder Nicht-Glauben rücken das Glaubensthema ähnlich wie Gen 15,6 ins Zentrum der »Religion« Israels. Zunächst ist damit das Gottesvolk, repräsentiert im König und seinem Hof, angesprochen. Da der Prophet aber ein »währendes Wort« verkünden will, steht damit auch das neubundliche Gottesvolk in dieser bleibenden göttlichen Anrede. Der lebendige Glaube der Kirche – und nicht nur der »wahre« Glaube! – ist das wichtigste Fundament ihres Lebens und Gedeihens. Sie darf ihre Existenzsicherung, die letztlich nur Gott gewährt und verbürgt, nirgendwo anders und niemals mit andern Mitteln, etwa im Vertrauen auf eine mächtige, gut funktionierende Institution oder gar nur im »Zusammen« mit irdischen (politischen) Mächten suchen. Sind also z. B. Konkordate bibelwidrig? Wenn sie den Staat nicht zum verlängerten Arm der Kirche machen und nicht als Hauptgarantie für die Existenz des Jesus-Volkes angesehen werden, sondern nur eine zeitgeschichtlich sich anbietende »Raum-Sicherung« für eine ungehinderte kirchliche Verkündigung zum Ziele haben, können sie gewiß nicht einfachhin im Namen von Jes 7,9 abgelehnt werden. Aber sie dürfen nicht den Blick auf das eine verstellen, das nach diesem Jesaja-Wort das Entscheidende für das währende Leben der Kirche ist: die lebendige Gläubigkeit des Gottesvolkes im ganzen, also auch seiner Repräsentanten in den kirchlichen Institutionen.

Man hat von theologischer Seite die »politische Theologie« von Jes 7 auch auf der Ebene der einzelnen Völker mit christlichen Mehrheiten besonders in unserm Jahrhundert mit der »Konsequenz« zu etablieren versucht: Waffenlosigkeit und Verzicht auf Bündnisse! Doch kann die biblische Argumentation hier deswegen nicht voll greifen, weil die einzelnen Völker selbst dann nicht als »Israel« und Gottesvolk gelten können, wenn die Mehrzahl der Volksglieder noch Christen bzw. »Getaufte« sind. Sie stehen als Einzelvölker noch nicht in jenem Sonderverhältnis zu Gott, welches gerade das Gottesvolk als solches ausmacht und es auf den Glauben als Fundament seines Daseins und als »Essential« und »Existential« seines Soseins verpflichtet.

Für den einzelnen Gläubigen ist allerdings Jes 7,9 nicht ohne Belang. Er entscheidet darüber, ob wenigstens an der Stelle, wo er steht – in jedem ihrer Glieder ist ja irgendwie die Kirche selbst »gesetzt«! – der Glaube lebendig ist und damit Leben und Zukunft der Kirche mit bestimmt. Darauf muß die Verkündigung immer neu aufmerksam machen und das Bewußtsein entsprechend umzuprägen versuchen. Wer den Glauben reduziert auf bloße Konfessionszugehörigkeit, ist für den »Energieverlust« und für die Gefährdung des »Bleibens« der Kirche – und nicht nur für die Gefährdung seines eigenen »Seelenheiles«! – mit verantwortlich. Erst dann ist auch auf einen letzten – freilich »erweiterten« – Sinn des Wortes »Nehmt ihr nicht Stand, habt ihr keinen Bestand« aufmerksam zu machen: im Neuen Testament wird jedem, der glaubt, als »Bestand« das ewige Leben zugesagt in Joh 3,15.16.18.36; 5,24; 6,40.47; 11,25f; 20,31; Röm 1,16; 10,9; 1 Kor 1,21; 1 Thess 4,14 u.a. In dieser neubundlichen »Grundverheißung« wird Jes 7,9 als ein schlechthin und umfassend gültiges Gotteswort untersiegelt.

b) Gläubiges Vertrauen auf Jahwe, nicht auf Ägypten (Jes 31,1–3, Text 3)

Auf König Ahas, den Jesaja vergeblich vom Vertrauen auf Assur abzuhalten versucht hatte, folgte um 725 v.Chr.

sein Sohn Hiskija (Ezechias), welcher der Sache des Jahweglaubens grundsätzlich zugetan war. Er versuchte bei der ersten sich bietenden Gelegenheit, das assyrische Joch, das auch in religiöser Hinsicht schwer auf Jerusalem drückte, abzuschütteln. Ein erster Versuch um 713, sich einer antiassyrischen Koalition anzuschließen, mußte wegen der sich neu erweisenden Übermacht Assurs schleunigst wieder aufgegeben werden. Als es nach dem Tod Sargons II. (705) in Mesopotamien zu Aufständen kam und Babylon von Assur abfiel, kündigte auch Hiskija die Vasallenschaft auf, wobei er sich auf Babylon und vor allem auf Ägypten zu stützen versuchte. Wieder trat jetzt der Prophet Jesaja auf den Plan und mit dem gleichen Anliegen wie in Kap. 7: sich Jahwe allein anvertrauen, nicht irdischen Mächten! Aus dieser Zeit stammt unser instruktiver Text 3.

Der Prophet spricht sein »Wehe« – die prophetischen Weherüche sind die schärfste Form ihrer Verurteilung (vgl. 5,8.11.18.20.21.22.; 10,1) – über die, welche Ägypten als Rettermacht umwerben und von dort ein Reiterkorps und Kampfwagentruppen erbitten: »Sie setzen auf Kriegsrosse ihre Hoffnung und vertrauen auf die Menge der Streitwagen und auf die große Schar der Reiter, aber auf den Heiligen Israels schauen sie nicht und fragen nicht nach Jahwe.« Der Prophet verwendet hier das Verbum *he ' emīn* (»glauben«) nicht, sondern umschreibt mit vier andern Vokabeln die Sache des Glaubens: »die Hoffnung setzen« (eigentlich: sich stützen!), »vertrauen«, »schauen auf«, »fragen nach«. Sie stellen alle einen besonderen Aspekt des Glaubens als eines komplexen Aktes heraus, und es lohnt sich, bei der Reflexion über das Glauben jedem einzelnen dieser »Stellvertreter-Verben« nachzudenken und sich ihr Eigentümliches zu eigen zu machen. Ebenso instruktiv ist die Begründung des Propheten (V. 3) für das schon festliegende Scheitern der auf irdische

Mächte und ihre Machtmittel Bauenden. Jahwe, der »Heilige Israels«, d.h. der Weltübersteigende, aber im Bunde mit Israel sich frei Selbstübersteigende, ist Gott (*'ēl*, d.h. »die Mächtigkeit selbst und in Person«) und »Geist« (*rūaḥ* = »Geistbraus, Wirkkraft aller Wirklichkeit«), während die Ägypter nur schwache Menschen und ihre Rosse vergängliches »Fleisch« sind. Vor der allmächtigen Urwirklichkeit Gottes sind alle irdischen Realitäten ohnmächtige Gemächte. Darum kann der anonyme große Exilsprophet, in vielem ein geistiger Schüler Jesajas, in der Ausmalung dieser Sicht den ebenso eindrucksamen Spruch formulieren: »Seht, Völker (Imperien) ind vor ihm (Jahwe) wie ein Tropfen am Eimer, und wie ein Stäubchen auf der Waage gelten sie vor ihm; seht, die Inseln (Kontinente!) wiegen wie ein Sandkorn ... Alle Völker sind vor ihm wie ein Nichts; null und nichtig gelten sie vor ihm« (Jes 40,15.17). Glauben bedeutet die Entscheidung für diese »Wirklichkeit« Gottes und das Bauen auf sie; Nicht-Glauben aber ist immer zugleich ein Sich-Stützen und Vertrauen auf Vergängliches und Zerfallendes.

3. Das Bekenntnis gläubigen Vertrauens in den Psalmen

Die Bibel Israels und Jesu kennt – trotz des sogenannten »kleinen Credos« in Dtn 26,5–9 – kein einheitliches und umfassendes »Credo« im Sinne einer systematischen Zusammenstellung von »Glaubenswahrheiten«. Dafür haben sich Israels Glaube und sein Glauben in vielfältigen Bekenntnissen formuliert, wie sie vorab in den Psalmen Gebetswort der Überlieferung geworden sind. Sie sind »die Antwort Israels« (Gerhard von Rad) auf Taten und Worte seines Gottes. Dieses Antworten geschieht im Psalter in sehr komplexer Weise. Relativ selten erscheint dabei die Vokabel »glauben« = *he'emīn* (nur in 27,13; 78,22.32; 106,12.24; 116,10; 119,66), doch ist dieser statistische Befund ohne große Bedeutung. Denn das, was Glauben letztlich meint, wird von dem Psalmisten gern mit dem Vokabular des Vertrauens und Hoffens beschworen. »Stand nehmen, sich festmachen« enthält schon von Hause aus diese Bedeutungskomponente und kann bei bestimmten Kontexten sogar einfach mit »vertrauen« wiedergegeben werden (vgl. Ps 116,10; 119,66). Andernorts wird es gern mit einer Hoffnungsvokabel im Paralleltext weitergeführt (wie etwa in Ps 78,21 ff: »Das [ungläubige Fragen Israels!] hörte Jahwe und war voll Grimm, Feuer flammte auf gegen Jakob, Zorn erhob sich gegen Israel, weil sie Gott nicht glaubten und nicht auf seine Hilfe vertrauten«). Trotz der Wortarmut des Hebräischen hat das Wortfeld des Hoffens einen Umfang, der etwa der deutschen Sprache entspricht: »vertrauen, hoffen, harren, warten auf,« »spannen« auf ..., »zuversichtlich sein, die Zuflucht nehmen, sich bergen.« Das Kern-Wort (auch am meisten gebraucht, im Psalter 36mal!) für die religiöse Zuversicht ist das Verbum *bāṭaḥ*. Ursprünglich bedeutete es »prall sein« (darum *'abaṭṭiaḥ* = »Wassermelone«) und »schwanger sein« (vgl. das arabische *baṭeḥ* = »schwangere Stute«), was auch bei uns mit »Hoffnung« zusammengebracht wird (vgl. »in Hoffnung sein« für Schwangerschaft). Dem Hebräer mußte darum schon von der Sprache her sich nahelegen, daß Vertrauen auf Gott dies bedeutet: »mit einem Verheißungswort (schwanger) gehen wie eine Mutter mit dem Kind«.

Die Hoffenden und Vertrauenden des Psalters sprechen ihre Haltung nicht in der Alltagsformel »Ich hoffe, daß ...« aus. Dies ist nicht selbstverständlich, da die Psalmen ja nicht durchweg als »Gebete zu Jahwe hin« gestaltet sind, sondern häufig auch die existentielle Befindlichkeit und die psychische Verfassung der Psalmisten auf vielerlei Weise zum Ausdruck bringen. Vielmehr sind Hoffnung, Zuversicht und Vertrauen für die Psalmisten urpersonale

Bezüge zur Person Jahwes selbst. Der direkte Beziehungspunkt ist das »Du« und »Er« Gottes. Als Jahwe hat er sich ja von urher in absoluter Freiheit entschlossen, ein »der Welt und Menschheit zugewendeter Gott« zu sein. Auf diesen Gott weisen die Psalmen beständig hin als auf den Ankergrund und das Ziel ihres Hoffens. Wird vereinzelt wie etwa in Ps 27,3 oder Ps 71,14 diese Bezogenheit einmal nicht zum Ausdruck gebracht, so ist sie wenigstens im Kontext klar ausgesprochen. Jahwe als Gott der den Menschen bergenden Zukehr wird von den Psalmisten gern in packenden Bildern vergegenwärtigt wie etwa als Fels (vgl. 18,3.47; 19,15; 28,1; 31,4; 42,10; 62,3.8; 71,3; 73,26; 75,6; 78,35; 89,27; 92,16; 94,22; 95,1; 144,1), als Festung (vgl. 71,3; 91,2; 144,2), als Burg (vgl. 9,10; 31,3; 46,1.4, Text 4; 59,10.17; 62,3; 71,3; 94,22; 144,2), als der Schutz im Schatten seiner Flügel Gewährende (36,8; 57,2; 61,5; 91,4). Diese letztere Vorstellung weist zunächst auf das Asylrecht der Verfolgten am Tempel hin, wo Jahwe als über den Keruben der Bundeslade »Thronender« sich der zu ihm Flüchtenden annimmt. Aber zugleich kommt dabei der berühmte »Adlerspruch« von Ex 19,4 in den Blick: »Ihr habt gesehen, was ich den Ägyptern angetan habe, wie ich euch auf Adlerflügeln getragen und hierher zu mir getragen habe«, und ebenso der faszinierende Text von Dtn 32,10f: »Er (Jahwe) hüllte ihn (Jakob/Israel) ein, gab auf ihn acht und hütete ihn wie seinen Augenstern, wie der Adler, der sein Nest beschützt und über seinen Jungen schwebt, der seine Schwingen ausbreitet, ein Junges ergreift und es flügelschlagend davonträgt.«

Wenn man im Psalter sowohl die vielen verbalen Bezeugungen des Hoffens und Harrens Israels wie auch die solche Hoffnung auslösenden und begründenden hellen Züge an der Gottespräsentation in einen Zusammenblick bringt, wird überdeutlich, daß wir damit die Grundform der gläubigen Existenz Israels vor uns haben. In den Psalmen erweist sich das Vertrauen auf Jahwe als die nächste Äußerung, ja als das Spezifikum des Jahweglaubens. Ps 9,11 – ein weisheitlich belehrender Text – bringt diese Verschränkung von Glauben und Hoffen auf die prinzipielle Formel: »Auf dich vertrauen *(bṭḥ)* die, welche deinen Namen kennen.« »Kennen« bedeutet im Hebräischen ursprünglich »vertraut sein« und meint in solchem Zusammenhang nicht nur das Wissen des Verstandes, sondern auch die Zuwendung des Herzens bis hin zur tätig werdenden »Anerkennung«. »Die deinen Namen kennen« ist also eine Umschreibung für das lebendig glaubende Jahwevolk (vgl. auch Ps 79,6). Seine Wesensäußerung ist unserm Psalmvers gemäß das Vertrauen. Damit werden Jahwevertrauen und einerseits Götzengläubigkeit (vgl. Ps 31,7; 115,8; 135,18) und andererseits Vertrauen auf irdische Mittel und Mächte (vgl. Ps 44,7; 49,7; 52,9; 62,11; 118; 146,3) zu unversöhnlichen Gegensätzen. Weitere Indizien für die unaufgebbare Symbiose von Glaube und Hoffnung sind im Psalter die folgenden: 1. Der Glaube der Väter wird in Ps 22,5 f dreimal als »vertrauen« gekennzeichnet. 2. In Ps 2,12; 34,9; 40,5; 84,13; 146,5 werden die Hoffenden und Vertrauenden mit einer feierlichen Seligpreisung bedacht. Hier findet das berühmte Prophetenwort von Jer 17,7 sein Echo: »Gesegnet, wer sich auf Jahwe verläßt, und wessen Hoffnung Jahwe ist.« Im Anschluß daran wird der so Vertrauende so beschrieben: »Er ist wie ein Baum, am Wasser gepflanzt, der seine Wurzeln zum Bache hinbreitet. Er braucht nichts zu fürchten, wenn die Hitze kommt, sein Laub bleibt immer grün. In einem dürren Jahr macht er sich keine Sorgen, ohne Unterlaß bringt er Frucht.« Ein Echo dieses Vergleichs findet sich in Ps 52,10 (angewendet auf den Jahwe allein Vertrauenden). 3. Ps 25,3; 32,10; 37,9 stellen den Gegensatz auf: Vertrauende – Gottlose (Frevler, Abtrünnige). Umgekehrt verstehen Ps 33,18; 37,39 f; 64,11 die Jahweverehrer bzw.

die Gerechten als solche, die ihre Hoffnung auf Gott setzen.

Vertrauensbekenntnisse (als Strukturelement!) finden sich im Psalter besonders bei den sogenannten »Klageliedern«. Daraus ist eine eigene Psalmengattung hervorgegangen: die Vertrauenslieder (z.B. Ps 23; 46; 125; 129). Greifen wir zur Erläuterung der Zuversicht Israels das Zionslied 46 (Text 4) heraus, das zugleich in seinem wogenden Rhythmus und seiner Lautmalerei zu den poetisch besten Stücken des Psalters gehört. Seine Datierung ist umstritten, doch tut dies seinem hohen Zeugnischarakter keinen Abtrag. Der Refrain: »Mit uns ist Jahwe Zebaot, Jakobs Gott ist unsere Burg« (V. 4. 8 und 12) ist eine eindrückliche Artikulation des Vertrauens auf Jahwe, der als »Herr aller Mächte« (Zebaot) seine Allmacht einsetzt für das schützende und bergende (Burg!) Geleit der Zionsgemeinde durch die Fährnisse der Geschichte. So ist er »Zuflucht und Kraft (besser: »Hort«), herrlich erwiesen als Helfer in der Bedrängnis« (V.2). Der Ansturm chaotischer Mächte kann darum dem Zion nichts anhaben (2–4). Er bleibt inmitten allen kosmischen und geschichtlichen Gewoges eine bergende Burg, ja ein »Paradies«, von Strömen umborgen und zugleich bewässert (V.5). Am Horizont der Gottesstadt steigt für die gläubige Gemeinde bereits die Ära des »ewigen Friedens« ohne Kriegsgerät und Krieg herauf (V.10), wie sie in Jes 2,4; 9,4; Hos 2,20; Ez 39,3 verheißen ist. Unser Psalm blickt bei aller Bezogenheit auf Vergangenheit und Gegenwart gleichzeitig nach dem neuen Äon aus, wie dies in seiner Spur später die Johannes-Apokalypse tut: »Seht, das Zelt Gottes unter den Menschen! Er wird bei ihnen sein Zelt aufschlagen, und sie werden seine Völker sein, und er selbst, Gott mit ihnen, wird ihr Gott sein« (21,3). Glauben ist so zuhöchst ein auf den göttlichen Verheißungsworten stehendes harrendes Ausschauen nach dem Aufgang des »Neuen

Himmels und der Neuen Erde« (Jes 65,17; 66,22; Offb 21,1).

Das Israel der Psalmen ist ein Volk der Vertrauenden und Hoffenden. Da der Psalter schon früh auch das offizielle Lieder- und Gebetbuch der Kirche geworden ist, müßte sich schon von daher auch eine Einübung der Christen in die religiös fundamentierte Zuversicht ergeben haben. Das Neue Testament tut ein Übriges, dies zu befördern. Aber das christliche Allgemeinbewußtsein ließ sich wohl zu wenig vom biblischen Gottvertrauen durchprägen. Heinrich Schlier hat diese Situation treffend gekennzeichnet: »Wir sind es gewohnt, das Leben des Christen als ein Leben des Glaubens zu bezeichnen. Die Christen sind die Gläubigen. Wir halten auch fest, daß das Leben der Christen ein Leben der Liebe sein soll. Christ sein, ohne Liebe zu üben, das will uns kaum in den Sinn. Aber daß das Christsein wesentlich dadurch bestimmt ist, daß die Christen hoffen, das liegt uns ferner, ja das ist uns vielfach fremd. Und doch ist es so. Jedenfalls nach dem Neuen Testament kann man das Leben der Christen schlechthin als ein Leben der Hoffnung beschreiben« (Besinnung auf das Neue Testament, Freiburg 1964, S. 135).

Glauben und vertrauende Hoffnung sind biblisch »Zwillinge«. Darum gilt für hoffende Christen keineswegs das russische Sprichwort: »Auf der Wiese der Hoffnung weiden viele Narren«, sondern Röm 5,5: »Die Hoffnung läßt nicht zuschanden werden.«

4. Die Ursünde des Unglaubens

Alle alten Völker haben die Anfänge der Menschheit in den Menschenschöpfungsmythen beschworen. Danach stand hinter den jetzigen Geschehnissen und Zuständen ein »Urgeschehen«. Die biblische Offenbarung in Israel konnte und wollte den in diesen Mythen enthaltenen Anfragen an den Jahwismus nicht ausweichen, sondern setzte sich mit ihnen auseinander. Diese dialogische Konfrontation mußte folgerichtig in der »mythischen« Sprache geschehen. Da zum Wesen des Mythos als einer »Göttergeschichte« die Zugehörigkeit der Gottheit zu einem »Götterstaat« als einem Teil des Alls gehört, mußte die mythische Erzählung in diesem wesentlichen Kernpunkt allerdings auf die Offenbarung vom alleinzigen und schlechthin das All übersteigenden Gott Jahwe hin »korrigiert« werden. Dies hat der inspirierte Autor von Gen 2–3 geleistet. Er hat dabei aus verschiedenen ihm vorliegenden Überlieferungen das ausgewählt und entsprechend umgestaltet, was ihm geeignet schien zu einer »jahwistischen« Vergegenwärtigung der Ursprünge und der Ur-Situation der Menschheit. So entstand die dramatische biblische Szenenfolge, die in Gen 2–3 seit dieser Zeit Israel und uns mit ihrer bildhaften Eindrücklichkeit vor Augen steht. Dabei hat sichtlich das Gemeinschaftsverhältnis Jahwe-Israel Pate gestanden, auch wenn der Begriff »Bund« für das »Zusammen« und »Miteinander« Gott-Erstmenschheit nicht verwendet wird. Wie Israel wird Adam (hier als Repräsentant der Menschenwelt) von Gott zu seinem »Partner auf Erden« bestellt und zugleich in ein »Gottesland« gestellt, »es zu bebauen und zu behüten« (Gen 2,15). Alles steht den Erst-Menschen als Gabe der göttlichen Zuwendung zur Verfügung außer dem »Baum der Erkenntnis des Guten und des Bösen«. An ihm als dem »Privileg-Baum« Jahwes soll der Mensch sein partnerschaftliches »Ja zu Jahwe« erproben, ähnlich wie Israel seine freie Entscheidung für Jahwe in der Einhaltung seiner Weisung (Dekalog) zu bezeugen und zu leben hat. Um diese Grundentscheidung geht es in Gen 3,1–7 (Text 5).

Auf der »Bühne« unseres Textes tritt als erster Akteur die Schlange auf. Sie ist aber nicht die Zentralfigur des »Dramas«: Dies ist und bleibt in aller menschlichen Geschichte wie die Bibel sie zeichnet, der Mensch selbst. Die Schlange ist als ein Reptil aus der Tierwelt eingeführt und spricht doch zugleich wie die Tiere in den Fabeln. Die Ausgrabungen in Palästina zeigen, daß dieses besondere »Erdtier« der erdhaften Fruchtbarkeitsgöttin als Emblem zugeordnet war. Damals mußte die Schlange von Gen 3 den Israeliten an die dem Jahweglauben überaus gefährliche Baalsreligion erinnern, also an die verführerische »Gegenmacht« zum Jahwismus. Der Versucher wendet sich zunächst an die Frau, weil der Mann, der nach Gen 2, 24 »Vater und Mutter verläßt, um seiner Frau anzuhangen«, so am leichtesten mitzuverlocken ist. Die »Schlange« bringt im ersten Redegang die Weisung Gottes ins Gespräch, aber zitiert sie in übertreibender, ja verdrehter Form. Dem setzt die Frau das richtig formulierte Gebot entgegen, übertreibt es aber ihrerseits, wie zur eigenen Absicherung mit der Ergänzung: »nicht einmal daran rühren«. Diese Verschärfung ist bereits ein Zeichen von Schwäche und Unsicherheit. Nun greift der Versucher von einer anderen Seite her an: Er leugnet Jahwes Bundes- und Heilswillen, ja stellt Gott als eifersüchtig, egoistisch und willkürlich den Menschen eingrenzenden Gott dar. Mit dieser »Abblendung« alles Lichtvollen an Jahwe wird zugleich die Aufblendung einer verheißenden Glücksfülle verbunden. Die Sünde wird also in das Licht des für den Menschen Guten gerückt. Die Frau besieht unter diesem Aspekt noch einmal lange den Baum und glaubt schließlich die Gott verleumdende Verheißung, greift zu, ißt und gibt auch dem einwilligenden Manne zu essen.

Die Sünde der Erstmenschen setzt also mit dem Unglauben gegenüber dem Gott der bundeswilligen Zuwendung ein. Die Sünde des Menschen ist darum nicht mit der üblichen Kurzformel »Ungehorsam« in ihrer »Lebenswurzel« umgriffen. Der Ungehorsamsakt – und das gilt für jegliche menschliche Sünde – ist zutiefst und zuengst verbunden mit einer »Unhörsamkeit« gegenüber der Botschaft Gottes von seinem Bundes- und Heilswillen, d.h. von seinem »Jahwe-Sein«. Damit wird aber folgendes deutlich: Die Bibel schlägt schon in ihrer »Urgeschichte« das Thema des Glaubens als der unabdingbaren bundespartnerischen Grundhaltung des Menschen gegenüber Gott an. Dabei wird manifest, daß »biblisch glauben« zutiefst nichts anderes bedeutet, als »Gott seinen Bundes- und Heilswillen glauben«. Das »Urgeschichtliche« ist nach der Auffassung der alten Völker (und die Bibel bestätigt dies) nicht einfachhin Vergangenheit, sondern waltet während in die Geschichte aller Generationen hinein. Das »Principium« als »An-fang« wird zum »Prinzip«: die Sünde beginnt immer als Un-Glaube.

II.
GLAUBEN ALS GLAUBENSAKT IM NEUEN TESTAMENT

Jedermann kann in einer »Biblischen Wortkonkordanz« leicht feststellen, daß im Neuen Testament das Wortfeld »Glauben« (griechisch vom Wortstamm »pist-« aus gebildet) bedeutend häufiger vorkommt als im Alten Testament. Geht mit dieser quantitativen Häufung auch eine qualitative Umprägung des alttestamentlichen Glaubensbegriffes einher? Martin Buber, der große jüdische Dialogpartner des Christentums, hat dies so gesehen und zwischen *»emuna«* (das Glauben und der Glaube Israels) und neutestamentlicher *»pistis«* (Glaube der Christen) einen betonten Gegensatz festgestellt*. Die »Zwiefältigkeit« be-

---

* Thematisiert hat er seine Überzeugung in der berühmten Schrift »Zwei Glaubensweisen«, Zürich 1956; M. Buber, Werke 1. Bd., München – Heidelberg 1962, S. 651–782.

steht für M. Buber vor allem darin, daß »Glauben« im Alten Testament ein durchhaltender, einen »Stand« (im vielfältigen Sinn des Wortes!) bewirkender Vertrauenskontakt Israels mit seinem Gott sei, während der neutestamentliche Glaube in der Hauptsache einen individuellen Akt des Fürwahrhaltens und der Annahme einer Botschaft darstelle, also »Daß-Glaube« sei. Trotz des Respektes, den der überaus »jesusnahe« Jude und gelehrte Bibel-Lehrer, ja wortmächtige Bibelbotschafter M. Buber verdient und unter christlichen Theologen noch mehr als unter Juden genießt, muß man seine Sicht als Überzeichnung werten, die weder dem Alten Testament noch dem Neuen Testament voll gerecht wird. Das wird sich im Fortgang unserer Darlegungen nebenbei erweisen. Diese vermögen allerdings nicht umfassend und vollständig zu sein; es können nur die jeweils gewichtigsten Texte als exemplarisch vorgeführt und besprochen werden.

1. »Glauben« in der Botschaft des heiligen Paulus

Paulus war in seinen frühen Jahren ein gesetzeseifriger Jude (Pharisäer, vgl. Phil 3,5) und als solcher ein engagierter Gegner des christlichen Glaubens. Er hielt in dieser Zeit das Gesetz, diese große Gabe Gottes an Israel, als erfüllbar und zugleich – und darauf kommt es vorab an – als »lebenspendend« und den Menschen vor Gott »rechtfertigend«. Die hellenistisch-judenchristliche Gruppe um Stephanus trat dieser Auffassung bekennerisch entgegen (vgl. Apg 6,13) und erklärte den Glauben an den gekreuzigten und auferstandenen Christus zur Grundlage der Rechtfertigung des Menschen vor Gott (vgl. schon die Petrusrede in Apg 3,11 ff). An der blutigen Verfolgung dieser Christengruppen nahm auch Paulus teil (vgl. Gal 1,13; Phil 3,6; 1 Kor 15,9), bis ihn vor Damaskus die Christus-Vision (vgl. Apg 9,1 ff; 1 Kor 9,1; 15,8) im Vollsinn des

Wortes »umwendet« in jene »Verfassung«, die er in Phil 3,7 ff so beschreibt: »Ich erachte alles als Verlust um der unüberbietbar großen Erkenntnis Christi Jesu willen, meines Herrn. Um seinetwillen habe ich alles preisgegeben ... und halte es für Mist, um Christus zu gewinnen und in ihm erfunden zu werden, nicht im Besitz meiner eigenen Gerechtigkeit, wie sie aus dem Gesetz stammt, sondern jener Gerechtigkeit, die aus dem Glauben an Christus kommt, der Gerechtigkeit aus Gott auf Grund des Glaubens.« Mit dieser Bekehrung war für Paulus zugleich die Beauftragung mit dem Apostelamt d.h. mit der Verkündigung dieser Erfahrung verbunden. Bei der Wahrnehmung dieses Amtes hat Paulus aber sich nicht nur auf seine persönliche Christus-Begegnung beziehen, sondern auch aus der Schrift argumentieren wollen. Für dieses Ziel bot sich als Weg der Rückweg zum Abraham von Gen 15 geradezu an.

a) »Glauben« in Gal 3,1–14 (Text 5)

Paulus war auf seinen Missionsreisen zweimal durch die Städte der Landschaft Galatien (im Nordwesten Kleinasiens) gekommen und hatte heidenchristliche Gemeinden gegründet. Doch nachher kamen judenchristliche Gegner von Paulus und wollten die Bekehrten zur Gesetzesfrömmigkeit und Beschneidung überreden, ja darauf verpflichten. Darum schreibt Paulus, wahrscheinlich 57 n. Chr. von Makedonien aus, den Galater-Gemeinden seinen bekannten Brief.

In unserem Text 5 stellt der Apostel die von der judaisierenden Lehre beeindruckten Galater vor die Frage, ob sie die von ihnen erfahrenen Geistesgaben aufgrund von Gesetzeswerken oder aufgrund der hörsamen Annahme der Glaubensbotschaft vom Gekreuzigten empfangen hätten (3,2.5). Auf diese Frage läßt Paulus in 3,6 ff die Schrift selbst antworten. Er zitiert dabei Gen 15,6 genau: »Abraham (auch in V.7.8.9.14 genannt!) glaubt (dem) Gott, und es wurde ihm zur Gerechtigkeit angerechnet.« Hierhin sollen die Galater die Gemeinsamkeit ihres christlichen Glaubensstandes mit dem Abrahams erkennen. Gemeinsam ist zunächst die Struktur des Glaubensaktes: in ihm vertraut der Mensch Gott und vertraut sich ihm zugleich an. Eine Gemeinsamkeit besteht für Paulus sodann aber auch im Glaubensinhalt, der nach ihm für Christen wesentlich bestimmt wird durch das Heilshandeln Gottes am Gekreuzigten. Dies ist allerdings dem Abraham noch nicht bekannt, aber nach Paulus in dem »Evangelium« eingeschlossen: »In dir sollen alle Heiden gesegnet sein« (Gen 12,3). Glauben heißt demnach auch für die Christen: dem Gott der Heilsmacht und Heilszuwendung glauben. Nur weiß der Christ dabei, daß die Heilsmacht Gottes in der Heilstat der Erweckung und Erhöhung des Gekreuzigten ihre höchste Offenbarung erfahren hat.

Dieser Glaube »rechtfertigt« den Menschen, d.h. stellt ihn durch den »Rechtsspruch« Gottes (anrechnen) in das rechte Gemeinschaftsverhältnis mit Gott. »Gesetzeswerke« sind nach Paulus dabei nicht im Spiele, gerade auch bei Abraham nicht. Er zieht, um dies als generell gültig zu erweisen, die Schriftstelle Hab 2,4 heran, und zwar die vorschristliche Übersetzung der griechischen Juden (Septuaginta, Ende des 3. Jahrhunderts v. Chr.). Die auf uns gekommene hebräische Texttradition liest: »Der Gerechte wird durch seinen Glauben (oder seine Treue, *»emūnah«* ist doppeldeutig!) leben.« Paulus versteht diesen Satz nicht nur als für Israel, sondern als für alle Menschen gültig und schließt mit ihm eine Rechtfertigung durch das Gesetz aus. Wie freilich Gal 5,6 (»In Christus Jesus hat nämlich weder die Beschneidung noch das Unbeschnittensein irgendwelche Kraft, sondern der Glaube, der durch [die] Liebe wirksam ist«) zeigt, erkennt der Apostel einen

Glauben ohne »Glaubenstaten« der Nächstenliebe nicht als wirkliches Glauben an.

b) »Glauben« in Röm 3,21 – 4,25 (Text 7)

In Rom, der Hauptstadt des Römischen Reiches, muß das Christentum schon in der Zeit 40–50 n. Chr. Fuß gefaßt haben, zunächst in Kreisen der Juden (ca. 50000 in Rom und Umgebung!), dann aber bald auch unter Nichtjuden. Ein römischer Schriftsteller berichtet von turbulenten Auseinandersetzungen (um die Christus-Verkündigung!) in der Judenschaft schon für das Jahr 49 n. Chr. Spätestens ein Jahrzehnt später kann der Apostel Paulus, der auch dem Westen des Reiches das Evangelium zu bringen vorhat, seiner Ankunft bereits seinen »Römer-Brief« an die schon bekannte »Gemeinde« vorausschicken. In ihm stellt er das »Evangelium«, wie er es (bis nach Spanien!) zu verkünden gedenkt, in Grundzügen vor. Unser Text 7 ist ein erster Höhepunkt des Briefes und entspricht der Ankündigung von 1,16: »Ich schäme mich des Evangeliums nicht; es ist ja eine Gotteskraft zum Heil für jeden, der glaubt, zunächst für den Juden und dann auch für den Griechen.«

Nach 3,21 hat sich »Gottes Gerechtigkeit«, d.h. sein dem »Bund« gerechtwerdendes Heilswalten jetzt geoffenbart als »Gerechtigkeit aus dem Glauben an Jesus Christus für alle Glaubenden«. Dem paulinischen Gesamtzusammenhang nach ist dieses Glauben ein Glaubensvollzug, in welchem man Gott sein in Jesus Christus kulminierendes Heils- und Erlöserwalten glaubt. Dieses endzeitliche und damit endgültige Heilsereignis ist dem Menschen nur in solchem Glauben zugänglich und ist zugleich als »Rechtfertigung« wirksam (V.25.26). Sie geschieht nicht aufgrund von Leistungen und Werken, deren sich der Betroffene bzw. der Glaubende rühmen könnte (V.27). Paulus ist »überzeugt, daß der Mensch durch den Glauben ohne Gesetzeswerke gerechtfertigt wird« (V.28). Dieses »Gesetz (das von Gott Gesetzte) des Glaubens« (V.27) ist die neue Heilsordnung (vgl. Gal 3,23.25).

Für diese seine unaufgebbare Botschaft führt Paulus (wie im Galaterbrief!) in 4,1–25 einen »Schriftbeweis« durch Rückgriff auf den Abraham von Gen 15 und 17. Wieder zitiert er wörtlich Gen 15,6: »Abram glaubte Gott, und es wurde ihm zur Gerechtigkeit angerechnet.« Solch ein Glaubensakt Gott gegenüber (Dativ!) ist ein »Glauben an den, der den Gottlosen gerecht macht« (V.5). Diese Deutung wird nach Paulus auch durch einen zweiten Zeugen, den Psalmisten von Ps 32,1f, bestätigt, weil da Sündenvergebung geschieht ohne Nennung von Werken. Auf vorhersehbare jüdische Einreden, daß dies nur für die Beschnittenen (Juden) gelte, weist der Apostel darauf hin, daß Abraham vor seiner Beschneidung (Gen 17) bereits gerechtfertigt wurde. Sie ist für Paulus nur die Besiegelung und Bekräftigung der vorgängigen Glaubensgerechtigkeit (Gen 15,6). So ist Abraham dann sowohl »der Vater aller, die als Unbeschnittene (Heidenchristen!) glauben« (V.11) als auch »der Vater der Beschnittenen«, die ihm als »Glaubende wie er« nachfolgen (V.12). Dies geht nach Paulus auch aus Gen 17,5 (»Zum Vater vieler Völker habe ich dich bestellt«) deutlich hervor. Der Gott, dem Abraham glaubte (V.17), ist ein Gott, »der die Toten lebendig macht und das Nichtseiende ins Dasein ruft«. Ihm, dem allmächtigen Schöpfer- und Erlösergott, für den auch der Tod und das Nichts keine Grenzen seines Waltens bedeuten, vertraute sich der Stammvater an. Ihm hat er »gegen alle (irdische) Hoffnung hoffend geglaubt, daß er der Vater vieler Völker werde« (V.18). So »erwies er sich stark im Glauben«, indem er völlig davon durchdrungen war, »daß der, welcher die Verheißung gab, auch die Macht hat, sie zu erfüllen« (V.20f). Die Rechtfertigung Abrahams wird nach Paulus auch uns zuteil, »die wir an den glauben, der unsern Herrn Jesus von den Toten auferweckt hat, der um unserer Übertretungen willen hingeopfert und zu unserer Rechtfertigung auferweckt wurde« (V.24 f).

Paulus, der große Lehrer des Glaubens, hat im Galater- und Römerbrief in unmißverständlicher und zugleich eindrucksvoller Weise den auf das Christus-Ereignis zentrierten lebendigen Glaubensvollzug vor Gott als Grundakt unseres Christseins herausgearbeitet und zugleich dargetan, daß solches Glauben nicht zuerst eine eigene Leistung ist, sondern vorab »aus Gnade geschieht« (Röm 4,16; vgl. 11,6; Gal 1,6; 5,4 f). Für den Apostel ist Gen 15,6 (zitiert in Gal 3,6; Röm 4,3) die auch für Christen entscheidende biblische Aussage über das »Glauben«. Abraham bleibt für alle Zukunft das lebendige, gleichsam stets präsente Urbild des gottgewollten Glaubens, der als Akt qualitativ und der Struktur nach sich nicht ändert, wiewohl das Evangelium, das im Verheißungswort an Abraham ergangen ist, inhaltlich entfaltet und ausgeweitet wird zum Christus-Evangelium.

2. »Glauben« in den Evangelien

Die echten Paulusbriefe liegen zeitlich allen vier Evangelien voraus. Dies gilt nicht nur für das späte Johannesevangelium, sondern auch für die synoptischen Evangelien (Mt, Mk, Lk). Alle Evangelien blicken vom Karfreitags- und Ostergeschehen gleichsam zurück auf das vorösterliche Leben und Lehren Jesu und vergegenwärtigen beides darum nicht einfachhin in historisch-protokollarischer Weise, sondern im (die Überlieferungsdaten der Urgemeinde bereits entfaltenden) Lichte der endgültigen Christusoffenbarung. Damit bezeugen sie indirekt das durch die Paulusbriefe herausgestellte »Urdatum« des Glaubens (Erweckung und Erhöhung des im Kreuzestod für uns und zu unsern Gunsten erniedrigten Jesus). Aber es geht zugleich aus den Evangelien hervor, daß zwischen dem »verkündigenden Jesus« und dem »verkündigten Christus« nicht nur einerseits eine personale Real-Identität besteht, sondern andererseits auch eine Differenz der Offenbarungsstufen. Letzteres gilt insbesondere für das Thema »Glauben«. Freilich liegt der Unterschied dabei stärker auf der »Inhaltsseite« des Glaubens als auf seiner »Aktseite«.

a) »Glauben« in den synoptischen Evangelien

Als »selbstverständlich« wird in der Predigt Jesu der »Gott-Glaube« Israels, wie er im Alten Testament bezeugt und beschrieben wird, vorausgesetzt und darum selten eigens thematisiert. Wo das Wort »Glauben« vorkommt, bezeichnet es zumeist die Grundverfassung der Jesus (als »Gottesmann«!) mit Vertrauen und hoffender Erwartung Begegnenden. So lobt z.B. Jesus in Mk 2,5 den Glauben derer, die unter vielen Schwierigkeiten einen Gelähmten (auf dem Weg über das Hausdach!) vor ihn bringen und spricht in »Anrechnung« dieses Vertrauens ihm Sündenvergebung und Heilung zu. An solch einen »Vertrauensglauben« knüpft Jesus in Mk 11,22f an mit der Aufforderung: »Habt Glauben an Gott! Amen, ich sage euch: Wer zu dem Berge da spricht: Hebe dich hinweg und wirf dich ins Meer, und in seinem Herzen nicht zweifelt, sondern glaubt, daß das, was er ausspricht, geschieht, dem wird es zuteil werden!« Wahrscheinlich ist dieses Wort am Ostabhang des Ölbergs, wo man das Tote Meer sehen kann, gesprochen worden. Das hier genannte Beispiel steht für alles dem Menschen und dem Menschenwort (auch dem magischen!) Unmögliche. Nur Gott selbst kann unmöglich Scheinendes möglich machen. Der dem Vater aufs engste verbundene Herr hat in den vorausliegenden Berichten des Markus (vgl. 1,25.41; 2,11; 3,5; 4,39 u.a.) in der Kraft Gottes jeweils ein Befehlswort gesprochen, und das Befohlene trat unmittelbar ein. Dies ist nach dem Jesuswort auch dem im Glauben sich total – ohne jeden Zweifel des Herzens! – Gott Verbindenden grundsätzlich möglich, wenn ihm und weil ihm sein Befehlswort zugleich als Gotteswort eingegeben ist. Denn es wird aus der Gesamtbotschaft Jesu deutlich, daß jeder Gedanke an ein am menschlichen »Ich« orientiertes magisches Können und Tun auch eines gläubigen Menschen hier auszuschließen ist. Pauli Wort in 1 Kor 13,2 (»Wenn ich allen Glauben habe, so daß ich Berge zu versetzen vermöchte, habe aber die Liebe nicht, so bin ich nichts«) hilft ein solches an sich mögliches Mißverständnis des »bergeversetzenden Glaubens« ausräumen. Auch Jesus selbst fügt seinem Wort: »Alles, um was ihr betet und bittet – glaubt, daß ihr es empfangen habt, und es wird euch zuteil werden« (Mk 11,24) hinzu: »Und wenn ihr zum Beten tretet, so vergebt, wenn ihr gegen jemand etwas habt, damit auch euer himmlischer Vater euch eure Verfehlungen vergebe!« (V.25). Im Jesus-Wort vom »bergeversetzenden Glauben« ist also an die Vollform des Glaubens (welche den Zweifel im Herzen ausschließt und zugleich die tätige Bruderliebe einschließt!) gedacht. Ihm allerdings ist, daran ist nichts zu deuteln, von Jesus eine Anteilgabe an der Kraft Gottes zugesprochen. Wer Jesus ernst nimmt, muß ihm das abnehmen und sich konsequenterweise in die Überwindung aller »Kleingläubigkeit« (ein typisches Jesuswort!, Mt 6,30; 8,26 u.a.; Mk 12,28), aber auch in die dem Glauben entsprechende Nächstenliebe (Vergebung!) einüben.

Daß es dem Menschen überaus schwer ist, zu einem total und radikal vertrauenden Glauben zu kommen, zeigt die Perikope Mk 9,14–28 (Text 8). Der hier auftretende Vater eines von Dämonen besessenen Sohnes hat sich zunächst an die Jünger Jesu um Hilfe (Austreibung) gewandt, »aber sie vermochten es nicht« (V.18). Als der Mann dies berichtet, bricht Jesus in die Klage aus: »O ungläubiges Geschlecht! Wie lange noch soll ich bei euch sein? Wie lange noch euch ertragen?« (V.19). In dieser erregten Schelte spricht Jesus nicht nur die Jünger an, sondern auch das ganze »Geschlecht« seiner jüdischen Zeitgenossen (vgl. 8,38; Mt 12,39). Der Unglaube, dem er überall begegnet, schmerzt Jesus tief. Dieses Nicht-Glauben oder auch Nicht-voll-Glauben ist für ihn ein »Klima«, in dem seine Sendung nicht zum Gedeihen und Gelingen kommen kann. Der Vater des offensichtlich von schweren epileptischen Anfällen – in ihnen zeigt sich für alle Beteiligten die Besessenheit an – Gequälten wendet sich, von der Ohnmacht der Jünger Jesu enttäuscht, dem Meister selbst zu: »Wenn du etwas vermagst, hab Erbarmen mit uns und hilf uns!« (V.22). Der einleitende Bedingungssatz zeigt, daß der Mann nach seiner Erfahrung mit den Jüngern verunsichert ist in seinem Vertrauen. Auch gehört er noch zu diesem »ungläubigen Geschlecht«. Jesus spricht ihn gleich und scharf auf sein zweifelndes Wort »Wenn du etwas vermagst« an und stellt ihm sein »Alles ist dem möglich, der glaubt« (vgl. oben Mk 11,22f) entgegen. Dieses Wort Jesu wirkt »schöpferisch« auf diesen Vater ein, und zwar so stark, daß er aufschreit und sich selbst gleichsam in diesen Schrei hineinreißt. »Ich glaube«, und aus diesem neugewonnenen Vertrauen fügt er sofort den Hilferuf hinzu: »Hilf meinem Unglauben!« Sein Glaube an die Allmacht und das Erbarmen Gottes, die in Jesus gewissermaßen vor ihm stehen, kann nur fest sein und währen, wenn Jesus selbst ihn in ihm festmacht. Auf solchen Glauben des Vaters baut dann Jesus seine Rettungstat am Sohn.

Am Schluß der jetzigen Perikope klärt Jesus auf Anfrage die Jünger darüber auf, daß sie nur durch Gebet der Gotteskraft, Dämonen auszutreiben, teilhaftig werden können. »Gebet« aber ist in solchem Zusammenhang als artikulierter Glaube, der bekennend Gott sein allmächtiges Erbarmen glaubt, zu fassen. Diese innige Verknüpfung von Glauben und Beten (vgl. Jak 1,6; 5,15 ff) ist vor allem darin begründet, daß die Grundgestalt des Glaubens der »Du-Glaube« ist.

Unsere auf das Thema »Glaube« bezogenen Texte aus den synoptischen Evangelien – den hier besprochenen Markuszeugnissen entsprechen Paralleltexte bei Mt und Mk, wenn sie auch in mancher Hinsicht abgewandelt bzw. etwas anders akzentuiert sind – zeigen, daß Jesus das von ihm geforderte Vertrauen zu seiner Macht und Vollmacht in engem Zusammenhang mit dem Glauben an Gott, seinen Vater, und als davon nicht ablösbar sieht. Darum fordert er »beides in einem« und legt damit auch bereits die Grundstruktur des nachösterlichen Glaubens im voraus fest.

b) »Glauben« im Johannesevangelium

Das Johannesevangelium unterscheidet sich in vielfacher Hinsicht von den synoptischen Evangelien (Mt, Mk, Lk), so sehr im übrigen das »Evangelium vom Christus-Ereignis« ihr gemeinsames Thema ist. Vorab die Reden Jesu, von einigen von allen vier Evangelien überlieferten Logien (Sprüchen) abgesehen, haben im Johannesevangelium nach Form und Inhalt ein anderes Gepräge als bei den Synoptikern. Hier hat der Evangelist, der hinter dem Wachstumsgebilde »Evangelium nach Johannes« steht, die Darstellung der Person und Lehre Jesu offensichtlich im Lichte seiner österlich-nachösterlichen Erfahrung des Erhöhten und der Erkenntnis seiner vorzeitlichen Existenz (ewiger Sohn Gottes) gestaltet. Da der Autor des Evangeliums für uns Gläubige aber ein vom Geist des erhöhten Christus Inspirierter ist, behält sein zur Heiligen Schrift gehörendes Werk den Rang einer Gottes- und Christusbotschaft, die nicht im Namen »mangelnder Historizität« zurückgewiesen oder in seiner Verbindlichkeit als Offenbarungszeugnis auch nur heruntergespielt werden darf.

Das Thema des Glaubens spielt im Johannesevangelium eine zentrale Rolle. Dies bezeugt sich schon darin, daß das Verbum »pisteuein« 98mal in ihm begegnet (in den drei Synoptikern zusammen nur 34mal!). Der ursprüngliche Schluß des Evangeliums (»Diese [Zeichen] sind aufgeschrieben, damit ihr glaubt, daß Jesus der Christus ist, der Sohn Gottes, damit ihr glaubend Leben habt in seinem Namen«, 20,31) bezeichnet die Bewirkung des Glaubens geradezu als die »Zielursache« dieser Schrift. Das semitische Kolorit in diesem so griechisch scheinenden Evangelium ist bemerkenswert stark, und damit auch die Relation zum Alten Testament. Es setzt darum auch nicht nur das alttestamentliche »Glaubensmodell« grundsätzlich voraus, sondern es selbst verbindet »glauben« mit dem Dativ an folgenden Stellen: 2,22; 4,21.50; 5,24.38.46 (2x). 47 (2x); 6,30; 8,31.45.46; 10,37.38 (2x); 12,38 (alttestamentliches Zitat) 14,11. Der instruktivste Text ist 5,24: »Wahrlich, wahrlich, ich sage euch: wer mein Wort hört und dem glaubt, der mich gesandt hat, der hat ewiges Leben und kommt nicht ins Gericht, sondern ist aus dem Tode ins Leben übergegangen« (zum Kontext vgl. Text 10). Das gläubige Hören auf das Wort des Sohnes wird hier als ein glaubendes Vertrauen und Bauen auf die Autorität des Vaters ausgelegt. Diese für das Johannesevangelium charakteristische Sicht beruht auf seiner breiten Bezeugung, daß der Sohn der in allem bevollmächtigte Gesandte des Vaters auf Erden ist, einer Bezeugung, wie sie besonders bündig in 3,34f ausgesprochen ist: »Der, den Gott gesandt hat, spricht die Worte des Vaters, der (ihm) den Geist gibt ohne Maß. Der Vater liebt den Sohn und hat alles in seine Hand gegeben.« Wo Joh in andern Zusammenhängen den Dativ mit »glauben« verbindet (vgl. z.B. der Schrift (2,22), Mose bzw. seinen Schriften (5,46.47), den Werken (Jesu) (10,38) glauben), geschieht dieses auf dem unablösbaren Hintergrund, der in 5,24 (s.o.) deutlich geworden ist (vgl. auch 8,17; 14,1).

Wer das Johannesevangelium aufmerksam liest, wird allerdings bemerken, daß da am allermeisten von »Glauben an Jesus Christus« die Rede ist (36mal). Es handelt sich dabei, wie die Kontexte insgesamt zeigen, um eine personale Selbstbindung des Menschen an Jesus als den endgültigen Offenbarungs- und Heilsmittler Gottes (in 3,18 »eingeborener Sohn Gottes« genannt!). Es wird also in dieser typischen johanneischen Formulierung das grundlegende Glaubensmodell von 5,24 nicht aufgehoben, sondern dieses wird durch die vertrauende Selbstübergabe an den Christus als den »Sohn des Vaters« (vgl. 10,30: »Ich und der Vater sind ein«!) durch eine – allerdings für Joh zentrale – Näherbestimmung ausgefaltet. Diese Ausfaltung betrifft sowohl den Glaubensakt (vertrauende und liebende Selbstübergabe an den menschgewordenen Gottessohn) wie den Glaubensinhalt bzw. das Glaubensbekenntnis (die radikale Zuwendung Gottes zu Welt und Mensch in der Menschwerdung seines Sohnes). Darüber sollte es keinen Dissens mehr zwischen der Theologie der Reformatoren (einseitige Betonung des Glaubensaktes) und der katholischen Tradition (einseitige Betonung des Glaubensinhaltes) geben.

Joh benützt eine ganze Reihe von verwandten Begriffen für die Erläuterung des christlichen Glaubens. Besonders häufig ist die Koppelung von »Glauben« und »Erkennen«. Der Evangelist gebraucht dieses zweite Verbum nicht im vorwiegend »intellektualistischen« Sinn, so sehr dieser auch eingeschlossen ist (größere Helle des Glaubens!), sondern in seiner umfänglicheren alttestamentlichen Bedeutung von »vertraut, inne werden«. Es wäre darum eine völlige Verfehlung der johanneischen Glaubensauffassung, das »Erkennen« als eine Art Überbietung oder gar Ablösung des Glaubens – er bleibt für Joh währendes

»Existential« des Christen! – zu interpretieren, wie man dies in der altchristlichen »Gnosis« versuchte. Exemplarisch für das Korrespondenzverhältnis von Glauben und »Erkennen« ist 10,37 f: »Wenn ich nicht die Werke meines Vaters tue, dann braucht ihr mir nicht zu glauben. Wenn ich sie aber tue, dann glaubt – wenn ihr mir nicht glauben wollt – den Werken, damit ihr erkennt und einseht, daß in mir der Vater ist und ich im Vater bin.« Das im Johannesevangelium so viel beschworene »Erkennen« (56mal) schafft allerdings zugleich die Brücke zum »Bekennen« mit Hilfe inhaltlicher Bestimmungen; so kommt es zu den mannigfachen christologischen Bekenntnisformeln im Evangelium (vgl. 1,49; 4,42; 6,14; 6,68 f; 9,38; 11,27).

Man könnte, um das Thema »Glaubensakt im Neuen Testament« vollständiger zu behandeln, die in unserem Durchblick noch nicht zu Wort gekommenen Schriften ebenfalls als Zeugen vernehmen. Doch erübrigt sich dies in einer Buchreihe mit dem Motto: »Worauf es ankommt«. Die entscheidenden Züge des neutestamentlichen Glaubens- bzw. Glaubensaktverständnisses treten bei Paulus und in den vier Evangelien so ins Relief, daß ihre »Qualität« durch eine perfektionistische Quantifizierung sogar eher verdeckt als erhellt werden könnte. Auch dem Praxisbezug – biblisches Glauben muß das christliche Glauben durchprägend markieren! – wird in einer auf die wesentlichen Grundlinien sich beschränkenden Weise wohl eher Sorge getragen.

III.
BIBLISCHES GLAUBEN ALS »TUN«

Die hebräischen Substantive für »Glauben« heißen *»emūnah«* und *»emét«*. Sie entsprechen dem Verbum *»he'emīn«* (»Stand nehmen, sich festmachen«) und haben so von Hause aus schon immer auch die Nebenbedeutung »Festigkeit, Treue«. Sie beschränken sich dabei nicht auf den inneren bzw. psychischen Bereich des Menschen, sondern verweisen von sich selbst her auf einen »in Taten fort und fort gelebten Glauben«. So ist gleichsam von vornherein einer Polarisierung von »Glauben« und »Werken« etwa gar im Sinne »Glaube *oder* Werke?« für den Bereich des Alten Testamentes gesteuert. Dies zeigt sich denn auch schon in der Abrahamsgeschichte: Der grundlegende und ihn rechtfertigende Glaubensakt (vgl. Gen 15,6) wirkt sich in der Perspektive der Gesamtüberlieferung über den Stammvater in dessen getreuem und hörsamen »Wandern mit Gott« (vgl. 17,1: »Wandere vor meinem Angesicht und sei (darin) ungeteilt!«) aus, dessen Höhepunkt sein Glaubensgehorsam in der großen Prüfung von Gen 22 (Bereitschaft zur Opferung Isaaks) erreicht wird.

Bei Jesaja, dem großen »Propheten des Glaubens«, muß sich der echte Jahweglaube im Verzicht auf irdische Machtmittel und Machtbündnisse und im durchhaltenden »Bauen auf Jahwe allein« inkarnieren und dokumentieren. Ein bloß theoretisches »Fürwahrhalten einer Jahwe-Lehre« wäre geradezu »Unglaube« für Jesaja und das Alte Testament überhaupt. Aus solchem Grundverständnis des Glaubens wird das für manche Christen fast unverständliche Schweigen des Dekalogs – er ist ja nach Dtn 4,13; 5,2.22 die eigentliche Bundescharta! – über den Glauben sehr verständlich: Er hat in seinem Gebotsteil nichts anderes im Auge als den der Selbstbindung Jahwes an Israel antwortenden tätigen Glaubensvollzug des Gottesvolkes.

An den Weisungen der sogenannten »1. Tafel« (Jahwe allein!, kein Bild von Jahwe!, Heiligung des Namens und des Sabbats!) läßt sich dies leicht erkennen. Doch gilt dies ebensosehr für die sogenannte »2.Tafel« (Ehrung der Eltern!, Schutz des Lebens, der Ehe, der Freiheit, und des Eigentums und der Ehre des Mitmenschen!, Verbot der gegen den Nächsten gerichteten Begierde!). Denn das gläubig gelebte direkte »Ja« zu Jahwe (vgl. die 1. Tafel!) trifft nicht auf einen »Gott an sich«, sondern auf Jahwe als einen Gott der engagierten Selbstbindung an Welt und Mensch; also ist nur dies ein wahres und authentisches »Ja zu diesem Jahwe', das mit ihm, in ihm und durch ihn sich den Menschen in tätiger Gerechtigkeit zuwendet. Mithin gehört das mitmenschliche Ethos im Offenbarungsbereich zur »Inkarnation« des Jahweglaubens und der Jahweverehrung und ist ein mitkonstituierender Wesensbestandteil der biblischen »Religion« selbst.

Die unlösbare Zusammengehörigkeit von Glauben und »Tun« wird – wie könnte es anders sein, wenn das »erste Testament« (AT) und das »zweite Testament« (NT) zusammen die biblische Gottesoffenbarung für das neubundliche Gottesvolk darstellen! – im Neuen Testament, allem andern Anschein zum Trotz, in gleicher Weise als Gottes Wille bezeugt wie im Alten Testament. Paulus hat zwar im Galaterbrief in einer scharfen und polemischen Sprache – sie ist nur verständlich aus der akuten Gefahr einer »Rejudaisierung« der Gemeinden Galatiens! – die »Werke des Gesetzes« (vgl. Gal 2,16; 3,2.10) verworfen, aber er hat damit keineswegs leugnen wollen, daß der allein rechtfertigende Glaube sich in Taten zu »verleiblichen« habe. Das paulinische Prinzip, daß der »Glaube allein« rechtfertige, wird vor allem in 5,6 näher erläutert: Der volle und authentische Glaube ist darnach mehr als ein innerer Vertrauensakt, er ist ein »Glaube, der durch die Liebe wirksam ist«. Die Liebe meint hier eindeutig die Nächstenliebe (vgl.

5,13.22). Die »Werke« sind also klar in das lebendige Glauben einbezogen. Sie sind freilich nicht als »Gesetzeswerke« (d.h. als die intendierte Erfüllung des ganzen altbundlichen Gesetzes, wie es sich in den fünf Büchern Moses findet) und damit als ein (in der Sicht Pauli!) gesonderter Heilsweg zu verstehen. Sie haben andererseits insofern etwas mit der mosaischen Torah zu tun, als »das ganze Gesetz in dem einen Wort erfüllt ist, nämlich, du sollst deinen Nächsten lieben wie dich selbst« (5,14). Die vom Apostel proklamierte »Freiheit vom Gesetz« ist für ihn keine Freiheit »vom Dienst(!) der Liebe« (vgl. 5,13). Darum warnt er ausdrücklich vor »dem Werke des Fleisches«, d.h. vor den ich-süchtigen Haltungen und Taten des gefallenen Menschen (vgl. 5,19ff). Umgekehrt mahnt Paulus eindringlich zum »Wandeln im Geiste« (Pneuma!) in 5,16 und spricht sogar von einem »Gesetz Christi«, wenn er die Galater anweist: »Einer trage des andern Last und erfüllet so das Gesetz Christi!« (6,2). Diesem »Gesetz Christi« fühlt sich der Apostel selbst zutiefst verpflichtet (vgl. 1 Kor 9,21). Ähnlich wie im Galaterbrief mahnt er auch im ebenfalls um das Thema »Glauben« zentrierten Brief an die Römer: »Bleibt niemand etwas schuldig, es sei denn die gegenseitige Liebe. Denn wer den andern liebt, hat das Gesetz erfüllt. Die Gebote: Du sollst nicht ehebrechen, du sollst nicht töten, du sollst nicht stehlen, du sollst nicht begehren! und was es sonst noch an Geboten geben mag, werden ja in diesem einen Wort zusammengefaßt: Du sollst deinen Nächsten lieben wie dich selbst! Die Liebe fügt dem Nächsten nichts Böses zu. So ist die Liebe die Vollendung des Gesetzes!« (13,8ff). Überhaupt bezeugen die überaus häufigen und zum Teil ausgedehnten Mahntexte (Paränesen) in den Paulusbriefen, daß die »Rechtfertigung aus dem Glauben« zwar die göttliche fundamentale Gabe Gottes an den Menschen ist, aber zugleich auch die Grundverpflichtung in sich enthält, als glaubender Christ auf den Wegen Gottes »in einem neuen Leben zu wandeln« (Röm 6,4; vgl. 8,4; 13,13; 14,15 u.ö.). Die »Befreiung vom mosaischen Gesetz« bedeutet so nach Paulus keineswegs eine Außerkraftsetzung der wesentlichen Willensoffenbarung Gottes, wie sie im Dekalog und den Grundweisungen der Propheten ergangen ist. Auch Pauli »Evangelium«, das im Glauben empfangen und angenommen wird, ist zugleich Zuspruch und Anspruch, Verheißung und Weisung.

Nicht anders verhält es sich mit den vier Evangelien selbst. Nach Mk 1,15 hat Jesus seine Verkündigung so begonnen: »Die Zeit ist erfüllt, und das Reich Gottes ist nahegekommen. Kehret um und glaubt an die Heilsbotschaft (Evangelium!).« Die Umkehr vollzieht sich zunächst und zuerst im Glauben! Daß dieses Glauben aber seine Entfaltung und Dokumentation in einem entsprechenden Leben und Handeln finden muß, dafür tritt sozusagen jede Seite der Evangelien ein. Dabei legt Jesus augenscheinlich den Akzent auf das »Halten« der Grundforderungen des Dekalogs und bei diesen wiederum auf das Verhalten zum Mitmenschen (vgl. Text 11). Er weist die Qualifizierung »gut« nur Gott (dem Vater!), nicht sich selbst zu, um zu dokumentieren, daß es nicht um seine, sondern allein um des »guten Gottes« Gebote gehe. Ihre Tragweite radikalisiert Jesus allerdings angesichts des überaus reichen Fragestellers dahin, daß er auf den Reichtum zugunsten der Armen verzichten solle, um statt der irdischen Schätze einen »Schatz im Himmel« zu haben. Eine vergleichbare Radikalisierung nimmt Jesus für das Ehebruchsverbot vor: nach Gottes ursprünglicher Intention ist für Jesus auch die Ehescheidung Ehebruch! (Mk 10,1–12; vgl. Mt 5,32; Lk 16,18). Von einer »Verabschiedung« des Zehngebots durch Jesus kann also keine Rede sein. Seine Grundweisung: »Gottes- und Nächstenliebe in einem« (vgl. Lk 10,27; Mt 23,38f; Mk 12,30f) will, wie bereits im Alten

Testament vorgegeben (Dtn 6,4f; Lev 19,18.33f), nur die Grundintention des Dekalogs in positiver Formulierung freilegen. In den »Abschiedsreden« des Johannesevangeliums wird die Glaubenshaltung, auf die der johanneische Christus ein so großes Gewicht legt, als »Liebe« der Jünger interpretiert: als Liebe zu ihm, dem vom Vater Geliebten und sie Liebenden (vgl. 14,15.21.23; 15,9 u.a.) und als Liebe zueinander (13,34; 15,17). Dementsprechend lehnt der große Johannesbrief eine Trennung von Gottes- und Bruderliebe strikte ab (vgl. 1 Joh 2,3f; 3,10.15; 4,20f).

Am meisten von allen neutestamentlichen Schriften tritt bekanntlich der Jakobusbrief dafür ein, daß der Glaube in »Werken« sich inkarnieren muß. Am kennzeichnendsten für seine Sicht ist der Text 2,14–26 (Text 13) mit seiner Deutung der Abrahamsgeschichte. Der Verfasser bringt dabei das »Isaakopfer« von Gen 22 in Konnex mit Gen 15,6 (»Abraham glaubte Jahwe, und das wurde ihm zur Gerechtigkeit angerechnet«) und folgert daraus: »Da siehst du, daß sein Glaube mit seinen Werken zusammenwirkt, und daß durch die Werke der Glaube zur Vollendung gebracht wurde.« Als vorzüglichstes dieser »Werke« erscheint in Jak die wirksame Hilfe der Reichen gegenüber den Armen, ja es wird im Brief sogar eine Art »Armenfrömmigkeit« für die christliche Gemeinde entwickelt. Mit seiner Akzentuierung der »Werke« (nie ist »Gesetzeswerke« gesagt!) und insbesondere mit seiner Sicht der Rechtfertigung Abrahams scheint Jak in einem unversöhnlichen Gegensatz zu Pauli Lehre in Gal und Röm zu stehen. Doch muß man bei der Wertung beider Positionen die jeweiligen Adressaten der Briefe näher in den Blick nehmen: Paulus wendet sich an Christen, die davon bedroht sind, mit der mosaischen Torah, insbesondere auch mit dem Ritualgesetz (Beschneidung, Spreisevorschriften) »behaftet« zu werden. Jak dagegen hat Judenchristen vor sich (der Brief ist an »die zwölf Stämme in der Zerstreuung« gerichtet!), welche in der Gefahr stehen, sich mit dem inneren Glaubensakt allein zufrieden zu geben und im übrigen ein selbstsüchtiges Leben (ohne die »Ethik« Jesu, welcher der Jakobusbrief nahesteht) zu führen. So ist die verschiedene Akzentsetzung der beiden Autoren verständlich. Ein unter Christen oft geübtes Ausspielen einer Position gegen die andere verkennt, daß beide in Wirklichkeit wenigstens darin übereinstimmen, daß ein Glaube ohne »Werke der Liebe« kein authentischer Glaube im Sinne des Offenbarungsgottes ist. Kirchen und Christen müssen das »Hohelied der Liebe« des Apostels Paulus als sein besonderes Vermächtnis im lebendigen Gedächtnis behalten. Darin heißt es: »Wenn ich allen Glauben habe, so daß ich Berge zu versetzen vermöchte, habe aber die Liebe nicht, so bin ich nichts« (1 Kor 13,3). Ebenso beeindruckend ist der Schluß in V.13: »Nun aber bleiben Glaube, Hoffnung, Liebe; am größten jedoch unter ihnen ist die Liebe.« Unter Liebe versteht Paulus hier vorab die Nächstenliebe (vgl. 13,4 ff). Der innere Grund dafür, daß der Glaube seine Lebendigkeit im Bruder- und Nächstendienst erweisen muß, liegt auch im Neuen Testament darin, daß das Ja des Glaubens nicht auf einen »Gott an sich« trifft, sondern auf den Gott der engagierten Zukehr zu den Menschen. Diese »Zukehr« hat in der Menschwerdung des Gottessohnes und damit im »Christus-Ereignis« eine menschlich unerwartbare Aufgipfelung und Besiegelung erfahren, so daß nur der »im Name Jahwes und Jesu« gläubig eingewurzelt ist, welcher in die »Pro-Existenz« Jahwes und Jesu einschwingt und sie in der Bruderliebe (»Dasein für«) gegenwärtig setzt.

C)

DIE GRUNDTHEMEN DES BIBLISCHEN GLAUBENS

(Glaubensinhalt)

Grundmodell biblischen Glaubens ist, wie sich bisher gezeigt hat, zweifellos der »Du-Glaube« (M. Buber) und nicht einfachhin der »Daß-Glaube«. Dennoch wird bereits aus Gen 15,6 samt seinem Kontext deutlich, daß Abraham Jahwe seine bundeswillige und tätige Zuwendung glaubt und sich in dem Gott, der solches zusagt, »festmacht«. Dadurch wird der Glaube zwar nicht auf »Sachverhalte« bezogen, aber dennoch auf bestimmte Verhaltensweisen Gottes, die als »Glaubensinhalte« erscheinen und nicht beliebiger Art sind. Eine Trennung von Glaubensakt und Glaubensinhalt ist also nicht durchführbar. »Du-Glaube« kommt nicht ohne den darin einbeschlossenen »Daß-Glauben« aus. Darum hat auch Israel »Glaubensbekenntnisse«, wiewohl es nicht an einer systematischen Zusammenstellung von »Glaubenswahrheiten« (im Sinne von »Satz-Wahrheiten«) interessiert war. Das altbundliche Gottesvolk hat den Inhalt seines Glaubens insbesondere in seinen Hymnen artikuliert und somit sein »Bekenntnis« vorab als »Preisung« verstanden, wie es der Psalter und auch Deutero-Jesaja (Jes 40–55) vielfach bezeugen. Aber Israel kennt auch das die Offenbarungstaten Jahwes erzählende Zeugnis, wie es z. B. in Dtn 6,21–25; 26,5–10 (»kleines Credo«, Text 14) und Jos 24,2–13 begegnet. Im Neuen Testament hat gerade Paulus, der dem Glauben als Akt sein besonderes Gewicht zumißt, zugleich dem Glaubensinhalt, der zum Hauptthema das »Christus-Ereignis« (vgl. 1 Thess 4,14; Röm 4,24; 1 Kor 15,3 ff; 2 Kor 5,14 ff) hat, einen glaubensentscheidenden Rang eingeräumt. Das Johannesevangelium stellt den Glauben als Glauben an Jesu Worte – sie kreisen immer um die Sohnes-Sendung! – in den Mittelpunkt seiner Botschaft (vgl. 3,16; 4,19; 8,45 f u.a. besonders 20,31) und formuliert dabei sogar »Daß-Sätze« (6,69; 11,27.42; 17,8 u.a.). Weil in der frühen Kirche bald auch Gefahren der Abspaltung in dem die Gemeinden einigenden Grundbekenntnis heraufzogen, haben die aus der Paulusschule stammenden Briefe und auch die meisten der sogenannten »katholischen Briefe« den Akzent des Glaubens stärker als die früheren Schriften auf den Glaubensinhalt gesetzt. Dies ist schon in Eph 4,5 ff festzustellen: »Seid eifrig bemüht, die Einheit des Geistes zu bewahren durch das Band des Friedens. *Ein* Leib und *ein* Geist, wie ihr auch bei eurer Berufung zu *einer* Hoffnung berufen worden seid. *Ein* Herr, *ein Glaube, eine* Taufe, *ein* Gott und Vater aller, der da ist über allen und durch alle und in allen.« Dieses Anliegen, die Gemeinschaft im Glauben nicht zu verlieren, durchzieht auch die sogenannten »Pastoralbriefe«. Sie sprechen bereits von der »gesunden Lehre« (1 Tim 1,10; 2 Tim 4,3; Tit 1,9; 2,1). Sie enthalten aber zugleich die paulinische Botschaft vom Glauben und der Rechtfertigung aus der Gnade und dem Erbarmen Gottes. Ihre Sorge um die »Rechtgläubigkeit« will also nichts vorher Geoffenbartes über Bedeutung und Stellenwert des Glaubens außer Kraft setzen. Da diese späteren »apostolischen« Briefe selber inspirierte Offenbarungszeugnisse sind, sollte man nicht ihre heute allgemein angenommene Qualifikation als »frühkatholisch« im abwertenden Sinn gebrauchen. Es kann ja kein Zweifel darüber bestehen, daß dem Gott der Bibel gerade ob seiner Wahrhaftigkeit und Treue das im Glauben an ihn angenommene Wort und damit der Inhalt seiner Offenbarung ein wesentliches Anliegen sein muß. Zum echten Glauben gehört fundamental der Imperativ »Gott Gott sein lassen« – und dies auch und gerade in den Weisen und Inhalten seiner »Selbstoffenbarung«.

I.
DAS *JAHWEH*-SEIN GOTTES

Gen 15,6 (»Abraham glaubte Jahwe, und das wurde ihm zur Gerechtigkeit angerechnet«) ist, so haben wir vorab durch Paulus gelernt, der im vollen Sinne des Wortes fundamentale Text über den Glauben im biblischen Offenbarungsraum. Dem Kontext von Gen 15 gemäß ist zunächst Jahwes Verheißung der »Gegenstand« des Glaubens Abrahams. Aber dieser Vordergrund ist transparent auf einen umfassenderen Hintergrund: Die Verheißung geht aus dem allgemeineren und alle Taten und Worte der Offenbarung umgreifenden und überwölbenden Bundeswillen Gottes hervor, der in der Zuwendung zu Abraham seine erste Konkretisierung im Hier und Jetzt der Geschichte erfährt. In dieser Perspektive läßt sich das Glauben Abrahams so formulieren: Er glaubt Gott sein JAHWEH-Sein. Denn in diesem Namen ist für Israel alle Zukehr und jedes Engagement Gottes gegenüber Welt und Menschheit wie in einem Brennpunkt versammelt. Nicht ohne Grund betrachtet Israel die Perikope von der Namensoffenbarung in Ex 3,13–17 (Text 15) als eines der kostbarsten Vermächtnisse des Bundesgottes an das Gottesvolk. Damit kontrastiert das allgemeine christliche und kirchliche Bewußtsein, das vom theologischen Gewicht der Namensgabe an Israel heute wenig mehr ahnt, sondern höchstens (und dies mit Blick auf die Wiedergabe in der griechischen Übersetzung: Ich bin der Seiende!) mit Interesse vermerkt, daß Gott damit die Menschheit auf das metaphysische

Wesen seiner selbst (philosophisch = actus parus, ipsum esse, das »Sein selbst«) hingewiesen habe.

Der Text geht auf jene Überlieferungsschicht im Pentateuch (Fünf Bücher Mose) zurück, die man »elohistisch (E)« nennt und als solche wohl die Tradition der zehn Nordstämme (= Reich Israel) wiedergibt. Auch die sogenannte Priesterschrift (P), die in Ex 6,2 die Namensvermittlung durch Mose bringt, stimmt damit überein, daß Israel bzw. die Mose-Gruppe auf der Sinaihalbinsel mit diesem Gottesnamen vertraut wurde.

Die uns merkwürdig anmutende Frage des Mose nach dem Namen Gottes erklärt sich aus zwei Gesichtspunkten: 1. Der Name ist im Alten Orient nicht nur ein Mittel zur Unterscheidung von Individuen, sondern enthält (idealerweise) einen Hinweis auf das »Wesen« des Namensträgers. 2. Das Herrenvolk der Ägypter war der Überzeugung, daß sein oberster Gott (Amun = der Verborgene) unter vielen Namen bekannt sei, aber seinen eigentlichen Namen nicht geoffenbart habe, um sich nicht einer magischen Beschwörungsmöglichkeit auszuliefern. Darum muß die Überbringung des Namens an das Sklavenvolk schon als solche als eine besondere Auszeichnung gelten. Erst recht aber rückt dann das »Was« des Namens die Zuwendung Gottes in ein helles, verheißendes Licht. Das Verbum, das dem Namen hier zugrunde gelegt wird, bedeutet im Hebräischen: werden, geschehen, sich ereignen – mit dem Effekt des »Daseins«. Dieses »dynamische« Zeitwort wird zudem in Ex 3,14 in der Zeitform des Futurums gebraucht, welche Zukunft und Gegenwart in einem aussagt. Die Aussage verrät ihrer Form und Gestalt nach zunächst eine Bekundung der Souveränität (vgl. das Wort des Pilatus in Joh 19,22: »Was ich geschrieben habe, habe ich geschrieben«); dem Inhalt nach aber formuliert der Satz eine Entscheidung aus dieser in der Satzform aufscheinenden Freiheit Gottes: Er will sich und wird sich je und je als »Da«, also als helfendes Gegenüber erweisen, bis dieses »Da-Sein für« zu seiner Endfülle kommt. Der Name JAHWEH ist darnach nicht zuerst eine Bezeichnung des Seins und Wesens Gottes an sich (metaphysische Wesenheit), sondern eine Vergegenwärtigung seiner »Wesensverfassung aus Freiheit«: der weltübersteigende und absolut freie Gott hat sich im Überstieg über sich selbst zu einem »Gott für Welt und Mensch« gemacht. Seine »Existenz« ist »Pro-Existenz« auf Ewigkeit hin. Daß dies keine Überzeichnung der Namensdeutung darstellt, geht klar aus dem den Bund aufkündigenden göttlichen Drohwort in Hos 1,9 hervor: »Ihr seid Nicht-mein-Volk, und ich, ich bin der »Ich-bin-nicht-da« für euch.« Hier geht es selbstverständlich nicht um die Existenz, sondern um die Pro-Existenz Gottes.

Israel wurde im Geschenk des Namens ein göttliches Unterpfand gegeben des Inhalts: »Was auch sei, wann es auch sei, wo es auch sei, wie es auch sei, du triffst stets auf mich als auf dein heilschaffendes Gegenüber, das je und je deine Gegenwart und erst recht deine Zukunft ist.« In dieser gottgeschenkten Perspektive wurden alle Heilstaten der Vergangenheit und Gegenwart »Voraustaten«, in denen sich die Zukunft, die Jahwe selbst ist, anzeigt und sich bereits als »Angeld« vorausgewährt. Im Namen JAHWEH ist die Selbstoffenbarung Gottes am dichtesten gebündelt für Israel und auch für uns, und in ihm ist die zentrale Botschaft aller biblischen Glaubensverkündigung einbeschlossen. Darum ergeht in Ex 3,15 der Auftrag an Mose: »So sollst du zu den Israeliten sprechen: Jahwe, der Gott eurer Väter, der Gott Abrahams, der Gott Isaaks und der Gott Jakobs hat mich zu euch gesandt. Dies ist mein Name für alle künftige Zeit und dies meine Benennung von Geschlecht zu Geschlecht.«

Demgemäß wurde dieser Name in Israel ein Jahrtausend lang die Benennung Gottes in der Verkündigung und im Lied und Gebet. Er war gleichsam die Perle und der Diamant unter den Wörtern der religiösen Sprache. Doch das wurde in der Zeit um 200 v. Chr. anders. Um das Gebot »Du sollst den Namen Jahwes, deines Gottes, nicht mißbrauchen!« (Ex 20,7) besonders abzusichern und wie mit einem Schutzzaun zu umgeben, wurde sein Aussprechen im allgemeinen untersagt, und nur der Hohepriester durfte einmal im Jahre (am Versöhnungstage) den Namen im Allerheiligsten Gott zu Gehör bringen. Diese Reduzierung schlug sich z. B. darin nieder, daß in einem Teil der Psalmen der Name durch »Elohim« ersetzt wurde. Zumeist hat man da, wo die vier Konsonanten JHWH (= Tetragramm) begegneten, Adonaj (Herr) gelesen. Darum hat die griechische Septuaginta (Ende des 3. Jahrhunderts v. Chr.) den Namen einfach mit Kyrios (Herr) wiedergegeben. Nur in der Kurzform »Jah« blieb der Name im Judentum erhalten (vgl. Hallelujah = Lobpreiset Jahwe!). Das griechische Neue Testament hat sich an den Sprachgebrauch der Septuaginta angeschlossen, und so scheint in ihm der Name nicht überlebt zu haben. Und dennoch ist er im Christentum nicht radikal aufgehoben, sondern im Namen Jesus hinaufgehoben worden in seinen höchsten Rang. JESUS = *Jēschūa* (auch ein im Judentum verbreiteter Name!) bedeutet nämlich nichts anderes als »Jahwe ist Heil«. Gerade dieser Name sollte nach Mt 1,21 und Lk 1,31; 2,21 der gottbestimmte Name des endgültigen Heilbringers sein und ist darum nach Phil 2,9 ff »der Name über allen Namen, auf daß im Namen Jesu sich jedes Knie beuge im Himmel, auf der Erde und unter der Erde und jede Zunge zur Ehre Gottes des Vaters bekenne: Jesus Christus ist der Kyrios«.

Aus Mt 1,21; Lk 1,31; 2,21 geht klar hervor, daß das Neue Testament ebenfalls eine »Namensoffenbarung« kennt, die mit Ex 3,13–17 in einen engen Zusammenhang gebracht werden muß. Dies ist merkwürdigerweise den

Christen wenig bewußt geworden. In neuerer Zeit wird zudem »Jesus« zumeist nur noch als Individualname des vorösterlichen Herrn angesehen. Daß dies auch der Hauptname des Erhöhten bleibt, wie Phil 2,9 dartut, wird kaum mehr gesehen. Insbesondere aber bleibt verborgen, daß der Name Jesus biblisch (wie der Jahwe-Name!) die Funktion einer Wesensenthüllung des Namensträgers bedeutet: In Jesus ist Jahwe da als Heil! Damit wird die »Kindheitsgeschichte« ein theologisches Zeugnis von höchstem Rang. Durch sie wird der Name Jesus nicht nur zu einer Kennzeichnung des endgültigen Heilbringers (»Erlösers«), sondern auch zu einem unübersehbaren Hinweis auf sein inkarnatorisches Personalgeheimnis (»Menschwerdung Gottes«). Der Grundakt des alttestamentlichen Glaubens, der so formuliert werden kann: »Ich glaube dir, dem lebendigen Gott dein Jahwe-Sein! (d.h. deine entschiedene Zukehr zu Welt und Mensch)« wird auf neutestamentlicher Ebene entfaltet zum Bekenntnis: »Ich glaube dir, dem lebendigen Gott, deine endgültige und unaufhebbare Zuwendung zu Welt und Mensch in Jesus, dem Christus.« Doch geschieht diese Glaubensartikulation auf einen noch umfassenderen Horizont hin, wie ihn Paulus in 1 Kor 15,28 der Kirche un den Christen vor Augen stellt: »Ist aber einmal alles ihm unterstellt, wird auch der Sohn sich selber dem unterstellen, der ihm alles unterstellt hat, damit Gott alles in allem sei.« Dieses »Gott alles in allem (d.h. auch: in allen!) ist die tiefgründigste biblische Interpretation des Namens JAHWEH (»Ich werde dasein, der ich dasein werde«). Denn darin wird Gott als »die absolute Zukunft« der Welt und Geschichte endgültig »offengelegt«. Für den Glauben Israels wie für den bibelgemäßen Glauben des neubundlichen Gottesvolkes ist also Gott vorab ein Gott der Zukunft, und dann erst – allerdings gerade als solcher! – ein Gott der Vergangenheit und der Gegenwart. Der biblische Glaube ist darum primär nach vorn orientiert auf den Gott als »alles in allem« (und damit auch auf das »alles in ihm«!), wohin alle Schöpfung und Geschichte erst unterwegs ist, allerdings im nahen, wenn auch verborgenen Geleit des Welt und Menschheit lenkenden und führenden Herrn.

II.
JAHWE ALS »SCHÖPFER DES HIMMELS UND DER ERDE«

Im Horizont des glaubenden Gottesvolkes steht Jahwe vor allem als der »Gott der Geschichte«. Aber es haben auch »Himmel und Erde« (Kosmos) nach der Überzeugung Israels (hierin den andern Völkern und Religionen verwandt) ihre »Entstehungsgeschichte« (Gen 2,4a, Text 16). Dazu kam ein Zweites: Die inspirierten Jahwe-Zeugen mußten sich zu den »Weltentstehungsmythen« der Umwelt, die in Israel bekannt waren, äußern und sie im Sinne Jahwes »zurechtrücken«. Und ebendies taten sie in den beiden Schöpfungserzählungen am Anfang der Bibel (Gen 1,1ff; Gen 2,4ff). Doch trennen diese Zeugnisse das Schöpfertum Gottes nicht ab von der Heilsgeschichte, über der Jahwes Namen steht. In der Tat lehrt uns die Bibel eindringlich, daß der »Überstieg« Gottes über sich selbst zur Erschaffung von Himmel und Erde in seiner Grundentscheidung, »Jahwe« zu sein, d.h. in seinem Bundes- und Heilswillen wurzelt. So wird die Schöpfung zum Erstzeugnis (im vollen Sinn des Wortes!) der Zuwendung des Bundesgottes zu Welt und Mensch. Der Kosmos ist also nicht nur ein Hinweis auf Gottes Allmacht und Weisheit, sondern auch auf seine liebende Zukehr zu den Menschen.

Die zwei Schöpfungstexte des Buches Genesis wollen »erzählende Theologie« sein, nicht berichtende Naturkunde. Naturkundlich stimmen sie ja gar nicht miteinander überein. Gen 1 (Text 17) sieht den Anfangszustand der Welt als dunkles Chaos-Meer, Gen 2 (Text 16) geht von einer absolut trockenen Wüstenei aus. Die Abfolge der Schöpfungswerke ist bei beiden Erzählungen radikal verschieden: Mensch – Garten Eden (Pflanzen) – Tier – Frau in Gen 2; Licht – Himmelsgewölbe – Meer – Erde – Pflanzen – Gestirne – Wassertiere und Vögel – Landtiere – Menschen in Gen 1. Gen 1 ist aus der Priestertheologie erwachsen (wohl ± 550 v. Chr.) und wählt als illustrierendes Weltbild das der an den Strömen Seßhaften (Exil in Babylon!). Gen 2, wohl im Jerusalem der frühen Königszeit formuliert, knüpfte an die Weltsicht der Nomaden an (Juda grenzt an die Negew-Wüste mit ihren Oasen!) und »malt« zugleich viel farbiger als Gen 1. Da die Priesterschaft als Verwalterin der heiligen Schriften beide sich naturkundlich und im Weltbild widersprechenden Schöpfungstexte nebeneinander gestellt hat, dokumentierte sie damit für alle kommenden Geschlechter, daß es in den Schöpfungserzählungen um keine Naturgeschichte geht, sondern um die beiden Texten zugrunde liegende theologische Bezeugung, daß der Gott Israels, also Jahwe, auf seine geheimnisvolle Weise die Welt (wie sie sich auch als »Natur« im einzelnen entwickelt haben mag) ins Dasein gerufen und all ihr Sosein bestimmt hat und immerfort bestimmt. Die Priestertheologie läßt dies Gott tun mit Hilfe seines wirkmächtigen Schöpfungswortes und weist damit auf ein Doppeltes hin: 1. Jahwe selbst geht nicht ein in die Dimension von Raum und Zeit und geht noch viel weniger in ihnen auf, sondern wirkt gewissermaßen aus einer dritten Dimension heraus, welche unsere raum-zeitliche Welt sowohl trägt wie übergreift. 2. Gott und Welt sind und bleiben zwar geschieden in ihrem Sein und ihrer Selbstheit, aber die Welt mit allem, was in ihr ist, kommt, wie das Wort des Menschen, aus dem Innersten Gottes und wird und bleibt damit Gott auf eine wirkliche, wenn auch begrenzte Weise verwandt, ja sogar »inwendig« (vgl. Apg 17, 28: »In ihm leben wir, bewegen wir uns und sind wir«).

Für beide Schöpfungstexte der Genesis ist der Mensch das »Erst-Geschöpf« im Sinne des höchsten Lebewesens im Kosmos. Gen 2 stellt ihn deswegen auch »chronologisch« allem voran und schließt zugleich das Schöpfungshandeln ab mit der Erschaffung der Frau, die, so könnten wir mit einem uns vertrauten Bild sagen, »aus dem gleichen Holz geschnitzt ist wie der Mann«. Sie ist ihm das ersehnte »Gegenüber«. Wenn das Wort »Hilfe« – oft weniger gut mit »Gehilfin« wiedergegeben! – auf sie angewendet wird, ist dies nicht abwertend gemeint, weil auch Gott selbst oft »Hilfe« genannt wird (vgl. Ps 27,9; 33,20 u.a.). Mann und Frau sind zusammen »*ein* Fleisch d.h. *ein* Menschenwesen«, ein »Ineinander« und »Miteinander«, und dies nicht nur in leiblicher Hinsicht. Eros (vgl. das Hohelied) und Ehe (Einehe! vgl. Mal 2,14ff; Mt 19,6) sind darum in Gottes Schöpfungsordnung eingegründete Lebensgüter des Menschen. Gen 1 artikuliert in seiner Sprache die Menschenschöpfung so: »Gott schuf den Menschen als sein Bild, als göttliches Bild erschuf er ihn, als männlich und weiblich schuf er sie.« Hier wird die Menschenwürde im Schöpfergott selbst unausreißbar eingewurzelt. Der Mensch ist von ihm als sein »Stelllvertreter auf Erden« entworfen, als sein »Wesir«, der im Dialog mit Gott (er ist ja ansprechbares und angesprochenes »Du« Gottes!) über alle untermenschlichen Erdenwesen zu »herrschen« berufen ist. Der Gottessegen über den Menschen versieht ihn mit der Gabe und Aufgabe, »sich die Erde untertan zu machen« (1,28). Dies ist jedoch kein Freibrief für den Menschen, die Welt auszubeuten. Biblisch ist »Herrscherlichkeit« nämlich immer auch »Hege«.

Nicht nur der Mensch als Gattungswesen ist Gottes Sondergeschöpf, auch der einzelne Mensch ist es fort und fort, und dies schon im Mutterleibe, wie der Psalmist von

139,13 bekennt: »Du bist es, der meine Nieren geschaffen, du hast mich im Leib meiner Mutter gewoben. Ich preise dich, daß ich so wunderbar erschaffen bin, daß wunderbar all deine Werke sind.«

Wenn alle Geschöpfe »materialisiertes« Wort Jahwes, des Schöpfer- und Bundesgottes, sind, dann muß der Glaube an ihn prinzipiell »weltfroh« und »weltfromm« sein, wie dies die »Bibel Israels und Jesu« allenthalben dartut. Dies ist ein unersetzbarer Beitrag des Alten Testamentes auch für das Weltverständnis des neubundlichen Gottesvolkes. Das Neue Testament brauchte dies nicht neu herauszustellen. Wenn es gelegentlich weltfeindlich erscheint, so sind in solchen Texten mit »Welt« (»Kosmos«) nicht die Schöpfungswelt und ihre hohen Gottesgüter gemeint, sondern die von sündigen Menschen »hergestellte«, des göttlichen Horizontes beraubte Welt. Das Auge des Glaubens schaut auf eine Erde, die vor ihm wie das Gelobte Land erscheint, von dem Dtn 8,7 ff sagt: »Jahwe, dein Gott, bringt dich in ein schönes Land, in ein Land mit Wasserbächen, Quellen und Strömen, die in der Ebene und in den Gebirgen entspringen, in ein Land mit Weizen und Gerste, Weinstöcken, Feigen- und Granatbäumen, in ein Land mit Ölbäumen und Honig ..., in ein Land, dessen Steine eisenhaltig sind, und aus dessen Bergen du Erz graben kannst.« Darum gehören »Erdendienst« zum »Jahwedienst«, Erdenfreude zur Freude an Jahwe und beides zum lebendigen und tätigen Glauben. Hinwendung zu den Geschöpfen ist deshalb nur dann »Abwendung von Gott«, wenn sie an die Stelle Gottes rücken. In solcher Perspektive erhält der antichristlich gemeinte Imperativ: »Bleibt der Erde treu!« (Nietzsche) einen durchaus auch biblisch akzeptablen Sinn. Die vielen Gleichnisse Jesu aus der Natur und dem alltäglichen Menschenleben, aber auch seine von seinen Gegnern gebrandmarkte Teilnahme an frohen Mählern (Lk 7,33 f) bezeugen eindrucksam, wie wenig »weltflüchtig« oder gar »hinterweltlerisch« (Nietzsche) eine »biblische Existenz« des Menschen vor Gott ist.

Die Schöpfungstheologie der Bibel eröffnet dem Gläubigen auch den Blick auf die eschatologische Endfülle und damit auf Jahwe als Vollender der Welt. Der evolutive Welt-Entwurf Teilhard de Chardins mag allerlei Schwachpunkte aufweisen, er entspricht wenigstens in seiner Perspektive durchaus der biblischen Weltsicht. Durch die Propheten belehrt, erwartet bereits Israel »einen Neuen Himmel und eine Neue Erde« (Jes 65,17; 66,22) und damit ein Reich der Fülle und des Friedens (vgl. Hos 2,18–25, Text 18; Jes 9,7; 11,6–8; 65,17–25, Text 19). Darum bekennt auch das neubundliche Gottesvolk mit 2 Petr 3,13: »Einen Neuen Himmel und eine Neue Erde, worin Gerechtigkeit wohnt, erwarten wir nach seiner Verheißung« (vgl. auch Röm 8,18–25, Text 20; Offb 21,1–5, Text 21). Da der Mensch vom Schöpfer als »Geist in Leib« entworfen ist, soll er dies auf Ewigkeit hin sein. Im Unterschied zum griechischen Denken sieht die Bibel die »jenseitige« Gestalt des Menschen nicht zuerst in der Existenz als unsterbliche und entmaterialisierte Seele, sondern in biblischer Glaubenssicht ist die Letztgestalt des Menschen wiederum »Geist in Leib« durch die göttliche »Auferwekkung des Fleisches« (Fleisch heißt biblisch nicht einfachhin körperlicher Leib, sondern leibhaftiger Mensch!), wiewohl die »Leibhaftigkeit« eine verwandelte (1 Kor 15,52) und damit eine »pneumatische« und »in Herrlichkeit und in Kraft« sein wird (1 Kor 15,42 ff). Diese Glaubenserwartung hat bereits im Alten Testament langsam Profil gewonnen (vgl. Jes 25,8; 26,9; Dan 12,2 f.13 unter Anknüpfung an Ez 37,1–14), ehe sie im Neuen Testament die Mitte der gläubigen Hoffnung wurde (vgl. Joh 6,39 f; 1 Kor 6,14; 15,15; 15,42 ff; 2 Kor 1,9; 4,14 u. o.).

III.

JAHWE ALS GOTT DES »BUNDES« UND DER BUNDESGESCHICHTE

Seit es Menschen gibt, haben sie über ihre Verwandtschaftsbande hinaus auch einvernehmliche Zusammenschlüsse mit anderen Menschen herbeigeführt. Die Bibel berichtet mehrfach von einer *»berit«* (»Bund«) zwischen zwei Partnern: z. B. zwischen Isaak und Abimelek von Gerar (Gen 26,26 ff), zwischen Jakob und seinem Schwiegervater Laban (Gen 31,43–54, Text 22), zwischen Sauls Sohn Jonatan und David (1 Sam 18,1 ff). Gerade bei diesem letzteren »Bund«, einem Freundschaftsbund, wird ein Doppeltes deutlich: a) die Partner müssen nicht von gleichem Rang sein (Jonatan als Kronprinz stand über David, dem Knappen Sauls). b) Die Bande, die ein feierlich besiegelter »Bund« knüpfte, rangieren vor allen Blutsbanden.

Die Bibel verwendet die Kategorie »Bund« auch für das von Gott frei gestiftete Verhältnis zwischen Gott und Mensch. Jahwe ist dabei immer der »Initiator«. Er, der Starke schlechthin, gewährt sich dabei dem schwachen Menschen in Gnade als »Partner«. Dies kommt der Sache nach bereits in Gottes Zuwendung und Umgang mit »Adam« (Gen 2–3) zur Realisierung, wiewohl dabei nicht *»berit«* (der Akzent des Wortes liegt nämlich auf dem »Bundes-Schluß«, nicht auf dem darauf aufruhenden »Bundes-Verhältnis«) zur Kennzeichnung Verwendung findet.

Der »Bundesbruch« der Stammeltern wird deshalb von Gott nicht mit der Abwendung vom Menschen beantwortet. Seine bundeswillige Zukehr bleibt und wird wirksam und tätig: schon vor der »Vertreibung aus dem Garten« zeigt Jahwe sein fürsorgliches Handeln (vgl. Gen 2,21, Jahwe bekleidet die Menschen!); Der Ausspruch Evas bei der Geburt Kains: »Einem Mann habe ich durch (eigentlich: zusammen mit!) Jahwe das Leben gegeben« (Gen 4,1) bezeugt die auch nach dem Gericht noch währende Zuwendung Jahwes; der Umgang Jahwes mit Kain ist voller Heilswille (vgl. 4,6.15); Jahwe versteht sich als »Blutsverwandten« Abels (Gen 4,9); er nimmt Henoch, den Sohn des Kain, in seine endgültige Gemeinschaft auf (Gen 5,22 ff); angesichts der groß gewordenen Bosheit der Menschen ist Jahwes Herz »bekümmert und voll Gram« (Gen 6,6); das Gericht soll nicht total sein, sondern Noach und seine Familie sollen gerettet werden (Gen 6,8). In Gen 9,8–17 (Text 23) wird – ganz in der Linie dieser grundsätzlich bundes- und segenswilligen Zukehr zur Menschheit – die Verheißung Gottes an Noach und seine Söhne, eine solche Austilgung wie die Sintflut nie mehr über die Erde mit ihrer Tier- und Völkerwelt zu bringen, von der Priestertheologie »Bund« genannt, insofern sich Gott dabei selbst in Freiheit gebunden hat an seine Zusage und damit an die Menschheit und die ganze Lebenswelt auf Erden überhaupt. Dieser »Noach-Bund« ist theologisch überaus bedeutsam: Hier wird klar dokumentiert, daß grundsätzlich die ganze Völkerwelt vom Heilswillen Gottes umschlossen ist, wie denn auch später das Jonabuch dies Israel neu ins Gedächtnis ruft. Die »Heidenvölker« *(gojim!)* sind nicht einfachhin der Nacht des Verlorenseins anheimgegeben (vgl. Am 9,7). Darum sind selbst ihre Religionen nicht durch und durch negativ zu werten (vgl. Apg 17,22 ff trotz Röm 1,22 ff).

1. Der »Bund« Jahwes mit Abraham als göttlicher Verheißungseid (Gen 15,7–21, Text 24)

Israels »Zeit« und damit die Heilsgeschichte im engeren Sinn beginnt mit dem Stammvater Abraham. Das Verhältnis Jahwes zu Abraham wird von Gen 15,7 ff als »Bund«

bezeugt. Der Text gehört seiner Eigenart nach zu denen des Alten Testaments, die manche sensible Christen gern als »typisch alttestamentarisch« werten. Sein hoher theologischer Rang ist selbst in der Theologie selten erkannt worden.

Der Schlüssel zu unserer Perikope liegt in der Kenntnis des Bundesschlußrituals, das noch in einigen außerbiblischen Texten und in Jer 34 zur Anwendung kommt. Dabei wird ein (Opfer-)Tier in zwei Hälften zerlegt; zwischen diesen Hälften schreiten die Partner einer feierlichen Abmachung hindurch mit Worten der bedingten Selbstverfluchung: »Wenn ich diesen Bund nicht halte, soll es mir wie diesem Tier ergehen!«

Auf der Bühne unseres Textes finden wir nach Vorbereitung eines Befragungsrituals an einem Heiligtum Abraham in einem Entrückungsschlaf. Er schaut eine Fluchsetzungszeremonie eigener Art: ein Tragbackofen, aus dessen Öffnung Feuer schlägt, und eine brennende Fackel ziehen durch die Gasse zwischen den Tierhälften. Diese Feuerzeichen sind die Symbole für Jahwe (vgl. Ex 3,2; 19,8; 24,17 u.a.). In V. 18 wird dann auch ausdrücklich bestätigt, daß Jahwe selbst diesen »Fluchsetzungseid« leistet. Das aber ist etwas in der Bibel schlechthin Unerhörtes. Zwar spricht das Alte Testament mehrfach vom Eidschwur Jahwes (vgl. Gen 24,7; Num 32,10; Dtn 2,14; Ps 110,4 u.a.), aber hier bezeugt der Offenbarungsgott seine radikale Selbstbindung an den Stammvater Israels und aller Gläubigen auf eine geradezu handgreiflich-menschliche und damit unvergeßliche Weise. Wie weit ab steht diese Selbstoffenbarung Jahwes von vielen spekulativen Gottesvorstellungen (etwa: Gott als ein in sich ruhender Unendlicher, oder: Gott als grenzenloses »Ego« (»Ich«), das ehrsüchtig alles im All in die Umlaufbahn um ihn zwingt)!

Jahwe ist hier wahrhaftig der »Grenzenlose«, der seiner

Namensoffenbarung Ehre macht. Angesichts von Gen 15,7ff muß der Theologe radikal darauf verzichten, bestimmen zu wollen, was Gott mit sich selbst tun kann und nicht tun kann. Dieser »Fluchsetzungseid« Jahwes eröffnet grundsätzlich die Möglichkeit – die darum von niemanden von vornherein ausgeschlossen werden kann, der wahrhaft jahwegläubig sein will –, daß Gott z. B. in seinem Sohn Jesus Christus Mensch werden kann, von dem dann Gal 3,13 bezeugt: »Der Christus hat uns von dem Fluch des Gesetzes losgekauft, indem er für uns zum Fluch ward.« Hier wird der Glaube zur Grundhaltung: diesem Gott alles zutrauen!

Auch die Priesterüberlieferung spricht in Gen 17,1–14 von einem »Bund Gottes mit Abraham«, der in der Zusage gipfelt: »Du sollst Vater einer Menge von Völkern sein!« (17,4ff). Doch korrespondiert in Gen 17 dieser Selbstbindung zugleich eine betonte Bindung des Abrahamvolkes an Gott. Hauptpunkt dieser Bindung ist das Bundeszeichen der Beschneidung. Dieser Ritus ist vorisraelitisch und schon früh bei den Ägyptern bezeugt. Es handelt sich ursprünglich, wie die hebräischen Benennungen für »Schwiegervater« (= Beschneider) und »Schwiegersohn« (= Beschnittener) noch ausweisen, um einen Initiationsritus, d.h. um eine Weihe der Geschlechtskraft bei Erreichen der Mannbarkeit und damit für die Ehe. Diesen Brauch hat Israel anscheinend schon zur Väterzeit übernommen, aber vielleicht bald zu einem allgemeinen Weihezeichen der neugeborenen Knaben umgestaltet. Im Verlauf der Jahrhunderte, insbesondere im babylonischen Exil unter den unbeschnittenen Ostsemiten, erschien die Beschneidung als das sichtbare Unterscheidungszeichen der Jahwe-Gläubigen gegenüber den Unbeschnittenen d.h. »Heiden« und damit als »Bundeszeichen«. Auf diesem Stand der Entwicklung steht der von der Priestertheologie gestaltete Text vom Bundesschluß Gottes mit Abraham mit seiner starken Betonung der Beschneidung als des Eintritts in den von Gott gestifteten Bund. Im neubundlichen Gottesvolk wurde die Beschneidung in dieser Funktion abgelöst durch »Glaube und Taufe« (vgl. Gal 3,26–27).

2. Der »Bund« Jahwes mit Israel (Ex 24,1–11, Text 26)

Der Gottesbund mit Abraham ist als »Verheißungsbund« auch eine Selbstbindung Gottes an Abrahams »Same« (vgl. Gen 12,7; 13,15f; 15,5; 17,7ff; 24,7), d.h. an Israel. Als Israel geschichtlich existent war, ist, der »großen Sinai-Perikope« (Ex 19–34) gemäß, dieser Bund zwischen Jahwe und Israel auch feierlich geschlossen worden. Das instruktivste Zeugnis dafür liegt vor in Ex 24,1–11. In der jetzigen Gestalt bildet der Text eine exemplarische »Fest-Agende« für das feierliche Gedenken an die Stiftung des Zugehörigkeitsverhältnisses Jahwe-Israel. Die Perikope ist deutlich zweischichtig: I = 24,1–2 + 9–11. II = 24,3–8. Die wohl ältere Tradition I berichtet von einem Bundesschluß in einer Gotteserfahrung und in einem Kultmahl auf dem Gottesberg. Die Tradition II verlegt den Abschluß der *»berit«* in einen Opfergottesdienst am Fuß des Berges. Die beiden Überlieferungen konnten deswegen zu einem einheitlichen Text zusammengeschlossen werden, weil das Kultmahl auf dem Berg als das pflichtmäßige Abschlußmahl der Gemeinschaftsschlachtopfer in II (Ex 24,5) verstanden wurde.

Aus Ex 24,1–11 im ganzen geht folgendes hervor: zwischen Jahwe und Israel wird durch göttliche Initiative ein besonderes Zugehörigkeitsverhältnis gestiftet. Dies geschieht in einem Opfergottesdienst. Dabei stehen aber nicht die Brandopfer (= Ganzopfer), sondern die Schlachtopfer im Vordergrund, bei denen das Mahl konstitutiver Bestandteil ist (vgl. Lev 7,15 ff). Sie bilden das eigentliche »Bundes-Opfer«. Die Blutzeremonie als Kernpunkt des Rituals wird so gestaltet, daß das allein der Gottheit zugehörige Blut nur zur Hälfte über den Altar ausgegossen wird; mit der andern Hälfte besprengt Mose die Kultteilnehmer (Zeichen der Anteilgabe auch an das Volk!). Doch in die Mitte des Blutritus wird die Wort-Verkündigung gestellt (»Rolle bzw. Buch des Bundes«). Damit ist vorab der Dekalog gemeint (in Dtn 9,9.11.15 »Tafeln des Bundes«, in 4,13; 5,2.22 einfach »Bund« genannt!). Er besteht aus zwei korrespondierenden Teilen: 1. Jahwe stellt sich als Befreier- und Erlösergott vor (»Ich bin Jahwe, dein Gott, der ich dich aus Ägypten, dem Sklavenhaus herausgeführt habe« = das Evangelium des Alten Bundes!). 2. Dann ergeht die Wegweisung des Bundesgottes in zehn Punkten. Auf dieses Wort Gottes erfolgt die Antwort des Volkes: »Alles, was Jahwe gesprochen hat, wollen wir tun und befolgen« (Ex 24,7). So begegnen sich im »Wort-Gottesdienst« das Ja Gottes zum Volk und das Ja des Volkes zum Gott der Verheißung und Weisung. Dieses personale, sich im Wort artikulierende »Ja« ist gleichsam die »Seele«, d.h. das innere Wesen des Bundesschlusses. Die Besprengung mit Blut, die durch das Wort: »Dies ist das Blut des Bundes!« ihre Sinndeutung erfährt, macht die Besiegelung des im Wort geschlossenen Bundes aus. Dadurch wird Israel in einen »Blutsbund« aufgenommen, in welchem Jahwe sich sowohl an Israel (vgl. Sach 9,11) wie Israel an sich bindet – und dies in einem unauflöslichen Bund auf Leben und Tod!

Von Ex 24,8 aus schwingt sich ein leuchtender Bogen bis zum eucharistischen Einsetzungswort: »Dies ist mein Blut des Bundes, das für viele vergossen wird« (Mk 14,24; Mt 26,28; vgl. Lk 22,20; 1 Kor 11,25). Darum kann der Hebräerbrief zu den Christen sprechen: »Ihr seid hinzugetreten zu dem Mittler des Neuen Bundes (vgl. 8,6), zu Jesus, und zum Blute der Besprengung, das lauter redet als Abel« (12,24). Diese klar auf Ex 24 verweisenden Texte leiten uns an, den neubundlichen Gottesdienst vom mosaischen »Bundesschluß-Gottesdienst« her zu verstehen. In der Tat sind alle seine wesentlichen Elemente in Ex 24 wie »Prämissen« vorgegeben. Freilich steht zwischen alt- und neutestamentlichem Kult – einsam aufragend! – das »ein für alle mal« (Hebr 10,10) der Selbstdarbringung Jesu Christi an den Vater anstelle und zugunsten der Menschenbrüder. Diese einmalige Hingabe, in welcher alles biblische Ethos und jeglicher Kult in eins kulminieren, ist als solche nicht der Wiederholung fähig, aber sie kann zu immer wiederholten Malen in der Eucharistiefeier geheimnisvoll vergegenwärtigt werden. Von der feiernden Gemeinde her gesehen ist sie eine stetige »Bundeserneuerung« (vgl. das Kelchwort: »Blut des Bundes«).

3. Der »NEUE BUND« nach Jer 31,31–34 (Text 27)

Die Geschichte Jahwes mit Israel ist weithin eine Geschichte des Scheiterns. Zwar sagt Dtn 30,11 ff ausdrücklich: »Diese Gesetzesweisung, die ich dir heute anbefehle, sie ist ja nicht zu schwer für dich und unerreichbar für dich ... (14). Vielmehr ist dir das Wort ganz nahe, in deinem Mund und deinem Herzen ist es«, doch Israel verstockte nach Jer 3,17; 7,24; 9,13 u.o. sein Herz. Diese wiederholte und darum wachsende Herzensverstockung kann das Bundesvolk nicht mehr aus eigener Kraft aufbrechen (vgl. Jer 13,23; Hos 5,4; 7,2). Eben dies aber verheißt unser Text von seiten Gottes. Dadurch und durch die radikale Vergebung aller Schuld (31,34) wird der Alte Bund (Sinaibund) in einen Neuen Bund überführt werden. Es ist jedoch sehr wohl zu beachten, daß damit der »Alte Bund« nicht abgetan, sondern daß er so in seine eigentliche Fülle kommen wird. Die Struktur des Bundes als solche bleibt die gleiche: nur wird, wie Ez 36,26 dann noch breiter ausführt (»Ich werde euch ein neues Herz geben und einen neuen Geist in euer Inneres legen, euer steinernes Herz wegnehmen und ein Herz von Fleisch geben«), das Herz des menschlichen Bundespartners (Israel!) sich ganz der Willensoffenbarung Gottes öffnen und seine Weisung zum eigenen Wollen in Freiheit machen.

Die Christen dürfen sich zwar mit Recht »Diener des Neuen Bundes« (2 Kor 3,6) nennen, weil Jesus der Christus »Mittler des Neuen Bundes« (Hebr 9,15) ist, aber die ganze Realisierung von Jer 31,31 ff findet sich grundsätzlich nur in Jesus, dem Haupte der Kirche. Denn nur in ihm ist die volle Einung von Gottes- und Menschenwillen gelungen. Allein von Jesus gilt ohne jeglichen Abstrich: »Siehe ich komme, um deinen Willen zu tun, o Gott« (Hebr 10,7.9 vgl. Ps 40,8f), und das andere: »Meine Speise ist es, den Willen dessen zu tun, der mich gesandt hat« (Joh 4,34 vgl. 5,30). In einem abgestuften Sinn vermochten und vermögen nur noch die Heiligen in ihrer »heroischen Phase« so zu sprechen. Doch alle andern Glieder der Kirche Jesu Christi erfahren immer noch den schmerzlichen Dualismus von eigenem Wollen und dem Willen Gottes, bis – erst am Ziel des wandernden Gottesvolkes – »Gott alles in allem sein wird« (1 Kor 15,28).

4. Der endzeitliche »Ehe-Bund« Jahwes mit dem Jahwevolk (Hos 2,18–25, Text 18)

Die Verkündigung des Propheten Hosea (zwischen 750 und 720 v. Chr.) gehört zu den bedeutsamsten Botschaften des Offenbarungsgottes. Ihm wurde der denkwürdige göttliche Auftrag, das »Zusammen« Jahwe-Israel, das er gelegentlich auch als »Bund« kennzeichnet (6,7; 8,1), mit dem Bild von Eros und Ehe auszulegen, und dies nicht nur mit Worten, sondern auch in einer – für uns merkwürdig anmutenden– Zeichenhandlung. Sie sollte Israel wegen seines Hanges zur Baalsreligion anschaubar vor Augen führen, daß solcher Bundesbruch Buhlerei, ja Ehebruch sei. Darum mußte der jahwetreue Prophet eine der jungen Baalsdienerinnen heiraten, die am Kultort in Sexualriten (Begattung) die Gebärkraft dem Fruchtbarkeitsgott Baal unterstellten und weihten, um sich und dem Land die Fruchtbarkeit zu sichern (vgl. Hos 1,2). Damit war grundsätzlich, wenn auch zunächst in negativer Weise, von Gott sein »Bund« mit Israel als »Ehe-Bund« erklärt, ablesbar an der Ehe Hoseas mit einer »Gottesbuhlerin«. Doch selbst als Gomer, seine Frau, ihm rückfällig und damit ehebrüchig entlief, mußte der Prophet sie wieder zurückholen (Kap. 3) zum Zeichen, daß Jahwe Israel nicht endgültig verwerfen, sondern nur (in Läuterungsgerichten!) bessern und bekehren wolle. Die hoseanische Ehegeschichte wird in Kap. 2 auf die Ebene Jahwe-Israel übertragen und ausgelegt. 2,18–25 künden (nach der Prozeßführung in 2,4–17!) eine neue und endgültige Heilszukunft an, nämlich die endzeitliche »Gottesehe« zwischen Jahwe und dem Jahwevolk. Diese Verheißung ist gebündelt im großen Verheißungswort von 2,21f, das in wörtlicher Übersetzung lautet: »Ich traue dich mir an auf ewig, ich traue dich mir an in Gerechtigkeit und Recht, in Liebe und Erbarmen, und ich traue dich mir an in Treue, und so wirst du Jahwe erkennen!« Hier wird Hosea zu einem Frohboten ohnegleichen: Gott wird die wechselvolle Geschichte, die von Gottes Treue und des Gottesvolkes Untreue geprägt und durchwoben ist, zu einer ewigen und ewig glückenden »Liebesehe« (vgl. 14,5) hinaufführen. Jahwe als »Gemahl« wird dabei der Gemahlin einen Brautpreis *(mohar)* in die Hände legen: nicht »Geld und Geschmeide«, sondern die urpersonalen Lebensgüter Recht und Gerechtigkeit, Liebe, Erbarmen und Treue, die wahren und guten Lebensmächte einer glückenden Ehe. Er fordert sie nicht zuerst von der

Gemahlin, er bringt sie selber als sein eigenes Handeln an ihr ein in dieses »Zusammen«.

Die Frohbotschaft von Hos 2,18–25 – das Bild von der »Gottesehe« ist das tiefgründigste und faszinierendste Vorausbild der Zukunft von Welt und Geschichte! – ist in der Folge von Jes 54,10; 60,10f; 62,4 aufgenommen und bestätigt worden und hat auch im Hohenlied ihr Echo gefunden. Das Neue Testament hat diese Ankündigung weiter entfaltet, am eindrücklichsten in Offb 21,2ff: »Die heilige Stadt, das neue Jerusalem, sah ich herabsteigen aus dem Himmel von Gott her, bereitet wie eine Braut, die für ihren Bräutigam geschmückt ist. Und ich hörte eine mächtige Stimme vom Throne her sprechen: »Siehe, das Zelt Gottes unter den Menschen. Und er wird bei ihnen sein Zelt aufschlagen, und sie werden seine Völker sein, und er selbst, Gott mit ihnen, wird ihr Gott sein.« Näherhin wird dann die Braut als »Gemahlin des Lammes« bestimmt (21,9). Dem entspricht das Thema »Jesus als Bräutigam« in Mk 2,19f; Joh 3,29; 2 Kor 11,2; Eph 5,21–32. Demnach gewinnt die Gemahlschaft Gottes in Jesus dem Christus ihre endgültige Verwirklichung. Auch hierin wird transparent, daß Jesus mehr ist als nur »der Prophet der Propheten«, er ist »Stellvertreter« des Vaters im vollsten Sinne des Wortes; diese höchste Stellvertretung aber wurzelt in seiner ewigen Sohnschaft.

Wiederum liegt im Endpunkt der von Hosea eröffneten Perspektive der »Gottesehe« das »Gott alles in allen« von 1 Kor 15,28. Vor dieser unausschöpfbaren, nicht dem Vorstellen, wohl aber dem Erahnen zugänglichen Formulierung verblassen alle modernen Anklagen, die den biblischen Gott als »Gott der Repression des Menschen« hinstellen, von dem er sich emanzipieren müsse, um ganz frei und autonom zu sein. Solche Anwürfe sind ein böser Irrtum, der seinen guten Teil Schuld daran hat, daß das 20. Jahrhundert ein »Äon der Katastrophen« (Stichworte:

»Archipel GULAG« und »Auschwitz«) geworden ist. So wenig wie die Blumen vom Sonnenlicht »versklavt« oder ihrer »Natur« »entfremdet« werden, ebensowenig wird der dem Offenbarungsgott seine heilvolle Zuwendung Glaubende in seinem Menschsein verkürzt. Das Gegenteil ist der Fall: Wo das menschliche »Ich« sein ewiges »Du« findet und damit auch jedes menschlichen »Du« in letzter Tiefe neu gewahr wird, da geschieht »Heimholung zur Fülle des Lebens«.

IV.
DIE KULMINATION DER GÖTTLICHEN ZUWENDUNG IN JESUS DEM CHRISTUS

Alles »Was« des Glaubens ist gebündelt in der göttlichen Zuwendung zu Welt und Mensch, d.h. in der freien Selbsttranszendenz des transzendenten Gottes. Wie weit Gott in diesem Überstieg über sich selbst geht, ist allein Gottes, nicht des Menschen und seiner Vernunft Sache. Wie bereits in der Ausziehung der Perspektiven und Themen des Alten Testamentes ins Neue Testament hinein deutlich wurde, bezeugt dieser letztentscheidende Teil der Heiligen Schrift, daß alle Zuwendung Gottes – sie ist gleichsam ein wachsendes Sich-Hinein-Begeben Gottes in Schöpfung und Geschichte – »inkarnatorisch« kulminiert in Jesus dem Christus. Ihm wird darum konsequent auch der Kyrios-Titel (Kyrios = Herr), der in der griechischen jüdischen Bibel der Septuaginta allein auf Jahwe angewendet wird, im Neuen Testament zugesprochen (die Lexika zählen eine Fülle von Belegen auf!). Ein früher Kronzeuge dafür ist der in seiner Substanz schon vorpaulinische Christushymnus in Phil 2,6–11: »Er, der in Gottesgestalt war, erachtete das Gottgleichsein nicht als Beutestück, sondern entäußerte sich selbst, nahm Knechtsgestalt an und ward den Menschen gleich. In seiner äußeren Erscheinung als ein Mensch erfunden, erniedrigte er sich selbst und wurde gehorsam bis zum Tode, bis zum Tod am Kreuz. Darum hat Gott ihn erhöht und ihm den Namen gegeben, der über alle Namen ist, auf daß im Namen Jesu sich jedes Knie beuge im Himmel, auf der Erde und unter der Erde und jede Zunge zur Ehre Gottes des Vaters bekenne: Jesus Christus ist der Herr (Kyrios).« Nicht nur die wohl älteste feierliche Auszeichnung Jesu mit dem im Alten Testament Gott allein reservierten Kyrios-Titel gelangt hier zum eindrucksamen Zeugnis, sondern ebenso bedeutsam ist, daß der Verfasser Aussagen aus Jes 45,23, wo seine eigene Alleinzigkeit von Jahwe selbst herausgestellt wird, auf Jesus überträgt. Die Doppelung des Kyrios-Titels hebt oder löst demnach für die Sänger und Beter des Liedes – Paulus selbst gehört dazu! – die Botschaft vom alleinzigen Gott offensichtlich nicht auf. In jedem Fall leuchtet in diesem Hymnus der »Erstgemeinde« das in Jesus dem Christus eröffnete und in ihm gegenwärtige Gottesgeheimnis in der Welt und in ihrer Geschichte auf. Und in diesem Gottesgeheimnis selbst deutet sich bereits das an, was im Prolog (»Im Anfang war das Wort, und das Wort war bei Gott, und Gott [von Art] war das Wort« etc.) unter anderem Aspekt verkündet und schließlich im trinitarischen Bekenntnis entfaltet wird (vgl. 2 Kor 13,13; Mt 28,19). Es ist dann nur konsequent, daß der Kyriostitel auch dem vorösterlichen Jesus – und nicht erst dem Erhöhten! – zugesprochen wird wie in Lk 7,13.19 (und noch 11mal); Joh 4,1; 6,23; 11,2; 20,2.13; Apg 11,16; 20,35; 1 Kor 7,10.12.25; 9,5.14; Gal 1,19; Hebr 2,3. Solches Sprechen über Jesus als »mythologisch« (im Sinne von »für uns Moderne unverbindlich«) oder als »Interpretament« (»Hinweis-Ausdrucksweise«) für die zentrale und umfassende Heilsfunktion Jesu Christi zu bezeichnen, wird den fundamentalen Anliegen der biblischen Botschaft und ihren apostolischen Zeugen nicht gerecht und macht letztlich das sogenannte »dem heutigen Menschen Zumutbare« (was ist das, und wer weiß es real zu bestimmen?) zum »Herrn der Bibel«.

Etwas anderes ist es, eine oft einseitig betriebene »Christologie von oben« (vom dreieinigen Gott her), die in der Gefahr ist, das volle Menschsein Jesu zu »verkürzen«, durch eine der Heiligen Schrift ebenso oder noch mehr entsprechende »Christologie von unten« (ausgehend vom Menschen Jesus) zu ergänzen und auszubalanzieren. Diese in der Perspektive der menschlichen Heils- und Unheilsgeschichte angesiedelte »Christologie« hat ihre Wurzeln zunächst im Alten Testament. Zur Ausschaltung jeglichen Mißverständnisses muß allerdings gleich dazu gesagt werden: das Alte Testament ist noch lange nicht auf jeder Seite ein »Christuszeugnis«; sein Sinn geht keineswegs darin auf, den kommenden »Messias« anzukündigen. Die relativ kleine Zahl seiner messianischen Texte, die man nicht mit allerlei Künsten um »christologische« Stellen ergänzen sollte, warnen vor solch einer einseitigen Bewertung des Alten Testaments. Sie hätte zugleich eine Entwertung der gewaltigen altbundlichen Gottesoffenbarung zur Folge.

1. Die alttestamentliche Erwartung eines messianischen Heilbringers

Als früheste und zugleich fundamentale messianische Botschaft gilt in der christlichen Tradition zumeist das sogenannte »Proto-Evangelium« von Gen 3,15: »Feindschaft will ich setzen zwischen dir (»Schlange«) und der Frau, zwischen deinem Sproß und ihrem Sproß. Er wird dir den Kopf zermalmen und du wirst ihn an der Ferse treffen.« Es handelt sich bei diesem Text gewiß der Form und dem Zusammenhang nach um eine Strafsentenz gegenüber der

»Schlange«, doch ist damit über die volle Tragweite der Aussage noch nicht entschieden. Die weithin übliche exegetische Auskunft, hier werde der erfahrbare »ewige« Kampf zwischen Mensch und Schlange ins Wort gebracht, wird weder dem subtil abgefaßten Spruch gerecht (nicht nur Kampf zwischen »Sproß« und »Sproß«, sondern der gegenwärtigen »Schlange« mit dem Sproß Evas!) noch dem Gesamtduktus der Theologie des Jahwisten. Richtig ist nur, daß der Verfasser gewiß keine messianisch-christologische Aussage machen wollte. Aber die (»soteriologische«) Eröffnung eines fernen »Heilshorizontes« (mit für die Nachkommenschaft Evas letztlich siegreichem Ausgang des Kampfes!) kann dem Text nicht abgesprochen werden. Er rückt jedenfalls im Lauf der Offenbarungsgeschichte in den Rang einer Art »Prämisse« zu den messianischen Rettungsaussagen ein. Diese selbst sind allerdings vielfältig und lassen sich – das sei im voraus festgestellt! – nicht deckungsgleich auf einen einzigen Nenner bringen.

a) Der »königliche« Heilsmittler

Die Einführung des Königtums und sein Gelingen in der Davidsdynastie mußte bei der allgemeinen Zukunftsbezogenheit des israelitischen Glaubens auch der Gestalt des Königs, welche im Alten Orient von jeher Heilsbedeutung hatte, einen Platz in der Zukunft anweisen. Die Weissagung des Propheten Nathan an David vom ewigen Bestand des Davidshauses (2 Sam 7, »deuteronomistisch« geringfügig überarbeitet) legt dafür das »Offenbarungsfundament«. Auf ihm steht die Ansage eines »Immanuel« (= Gott mit uns) im allerdings exegetisch umstrittenen Text von Jes 7,10–17 (Text 28). Die späteren Generationen mußten diese Gestalt mit den klar messianischen Texten von Jes 9,1–6 (Text 29) und Jes 11,1–9 (Text 30) in Verbindung bringen. In dem in Jes 9 angesagten königlichen

Heilbringer wird dem von den Weltmächten zertretenen Israel »das große Licht« (= Glück) zuteil (9,1). Er erhält Prädikate, die sonst nirgendwo im Alten Testament begegnen und ihn damit aus der Reihe der irdischen Könige herausheben (»Wunderrat, starker Gott, Ewig-Vater, Friedensfürst«, 9,5). Dieser Rang ermöglicht ihm die Schaffung einer ewigen Friedensfülle (schalom!) und die endgültige Aufrichtung von »Recht und Gerechtigkeit« in seinem Königreich (vgl. 9,4.6). Dem messianischen Herrscher von Jes 11 wird als ständige Gabe die Fülle des Geistes (»Geistbraus« im Hebr.) verliehen (als Geist der Weisheit und des Verstandes, als Geist des Rates [= Planen!] und der Stärke, als Geist der Jahweerkenntnis und der Jahwefurcht). Er wird als solcher der Willensoffenbarung Jahwes zur währenden Durchsetzung im Jahwevolk verhelfen, so daß in seinem Reiche alle Menschen endlich und wahrhaft Mensch sein können. Aus diesem Grund erhält der Heilbringer-König bei Jeremia den Namen »Jahwe (ist) unsere Gerechtigkeit« (23,5). Auch im messianischen Text von Mich 5,1–5 (Text 31) werden die Geborgenheit und die Friedensfülle Israels dadurch garantiert, daß der Heilskönig »in der Kraft Jahwes und in der Hoheit seines Namens regiert« (5,3). Bei Ezechiel ist die messianische mit der allgemeinen Heilserwartung insofern miteinander verbunden, als die künftige Hirtenschaft Jahwes (34,11–12) im »Hirten David« sich konkretisieren soll: »Ich werde über sie einen einzigen Hirten bestellen, der sie weiden soll, meinen Knecht David« (34,23). In der Wiederaufnahme dieser Zusage in Ez 37,22 ff wird als Charakteristikum seiner segensreichen Herrschaft dies genannt: »Sie werden nach meinen Gesetzen wandeln und meine Gebote beobachten« (V. 24). Damit ist besonders auf die Bundescharta des Dekalogs hingewiesen, deren Realisierung im Gottesvolk eine der Hauptaufgaben des Königs ist. Die Reihe der prophetischen Messiastexte schließt Zach 9,9 f (nachexilisch!) ab. Hier rückt der den Menschen zugeneigte und ihnen auch durch seine Herkunft verbundene »Friedenskönig«, der dem Kriegsroß entsagt und auf einem Esel, dem »Friedenstier«, in die heilige Stadt einzieht, ins Bild. Er gehört jenen Jahwegetreuen an, die als Arme und Demütige im Lande wohnen.

Die Erwartung eines königlichen Heilbringers spiegelt sich auch im Psalter. In die Gattung des »Königspsalms« (zur Inthronisation der davidischen Könige gesungen!) wurden die messianischen Hoffnungen eingetragen. So wurden die Psalmen 2; 45; 72 und 110 spätestens in der langen königlosen Zeit nach dem Exil (ein halbes Jahrtausend lang!) zu einer vorausfeiernden Vergegenwärtigung des »kommenden Davids« (Ps 2 und 110) bzw. des »neuen Salomo« (Ps 45 und 72) ausgestaltet. Am meisten verwandt mit den prophetischen Messiastexten ist dabei Ps 72. Hier sind »Friede« und »Gerechtigkeit« die Kennzeichen des Königwaltens, das sich universal über alle Könige und Völker erstreckt (V. 8–11). Dieser Heilskönig setzt die Zuwendung Jahwes zu Welt und Mensch erfahrbar gegenwärtig: »Erlösen wird er den Armen, der zu ihm aufschreit, den Verlassenen, dessen sich keiner erbarmt. Der Geringen und Schwachen nimmt er sich an, er rettet das Leben der Armen. Von Gewalt und Unrecht macht er sie frei, ihr Blut ist kostbar in seinen Augen.«

Der König ist nach altorientalischer und biblischer Anschauung das Haupt und der Hauptrepräsentant seines Volkes. Volk und Reich sind in ihm gleichsam gegenwärtig. Darum kommt mit der Verheißung eines Idealkönigs und seiner getreuen Bundespartnerschaft gegenüber Jahwe immer auch ein »neues Israel« in Sicht. Das immer wieder an den geschichtlichen Königen scheiternde göttliche »Experiment« eines auf Gelingen angelegten »Bundes« wird endlich im endzeitlichen Heilskönig glücken.

b) Der Jahwe-Knecht bei Deutero-Jesaja

In der Hinterlassenschaft des großen anonymen Exilspropheten, den man Deutero-Jesaja nennt, finden sich vier Texte über einen besonders profilierten »Jahwe-Knecht«, die ursprünglich wohl zusammengehörten: Jes 42,1–4; 49,1–6; 50,4–9; 52,13 – 53,12. Über Auslegung und Tragweite dieser Lieder auf alttestamentlicher Ebene ist die neuere Exegese höchst uneinig. Daß sie im Neuen Testament auf Jesus den Christus hin ausgelegt wurden, steht außer Frage (zu Jes 42,1 ff vgl. Mt 12,18–21, zu 49,1 ff vgl. u.a. Apg 13,47, zu Jes 52,13 ff vgl. u.a. Mt 8,17; Joh 12,38; Apg 8,32 f; Röm 10,16; 15,21; 1 Petr 2,24 f).

In Jes 42,1 ff (Text 32) wird in einem Gottesspruch der »Knecht« vorgestellt als »mein Erwählter«. Seine Aufgabe ist eine universale: Er soll Jahwes Heils- und Rechtsordnung allen Völkern und Kontinenten (»Inseln«) verkünden bzw. verkünden lassen, auch wenn Widerstände sich anmelden (V. 4). Im vielleicht erst später erweiterten Text wird der Knecht »Bund des Volkes« und »Licht der Heidenvölker« genannt (V. 9). Jes 49,1 ff (Text 33) ist ein Wort des »Knechtes«. Er ruft alle Völker, auch die fernen, auf, seine »Berufungsgeschichte« zu vernehmen, die schon vorgeburtlich begann (Jer 1,4!): Er soll die Stämme Jakobs wieder zu Jahwe zurückführen und wird darüber hinaus zum »Licht der Heidenvölker« bestellt, damit Jahwes Heil bis zu den Enden der Erde reiche. Auch 50,4–9 (Text 34) ist ein Bekenntnis des »Knechtes«: Jahwe hat ihm Zunge und Ohr zugerüstet und hilft ihm, alle leibliche und seelische Unbill, die er bei seiner Tätigkeit erleiden muß, standhaft zu ertragen.

Der vierte Text (52,13 – 53,12) (Text 35) ist der ausführlichste und seiner Botschaft wegen der bekannteste. Seine Form ist auffallend: Bericht und Bekenntnis einer Gruppe im »Wir-Stil« (53,1–11 a) werden umrahmt durch zwei Gottesreden (52,13–15; 53,11 b–12), in denen letztlich dem »für die Vielen« leidenden und sterbenden Gottesknecht der Erfolg (Rechtfertigung der »Vielen«, die ihm als Anteil gegeben werden, und Erhöhung des Knechtes in ein »Leben im Lichte«), zugesagt wird. Schon diese kurze Inhaltsskizze weist die »Ebed-Jahwe«-Texte als im Alten Testament einzigartig aus. Dennoch gibt es in ihnen Elemente aus der Überlieferung, die nicht übersehen werden können. Die königlich-messianische Tradition ist zwar in ihnen zurückgedrängt, fehlt aber nicht ganz. Der Eingang von 42,1ff ähnelt einer Königsdesignation (vgl. Ps 89,4.20ff). Die Verleihung des Geistes zur Rechtsprechung und zur tätigen Sorge für die Menschen entspricht Jes 11,2 (vgl. 2 Sam 23,2f); 49,2 (Mund = scharfes Schwert) gibt Jes 11,4 Echo. 53,2 (»Reis und Wurzel«) erinnert an Isais Wurzelstumpf in Jes 11,1 und an den »Sproß« von Jer 23,5f. Man kann also dem Jahwe-Knecht eine »königliche Aura« nicht absprechen. Doch stärkere Züge verbinden ihn mit der Rolle eines Propheten, der eine spezifische Sendung für Israel und darüber hinaus für die ganze Welt hat. Nicht fern liegt eine Relation zu Mose (vgl. Num 12,3; Ex 32,31f). Um vieles näher, ja handgreiflich ist der Bezug zu Jeremia (vgl. 49,1f mit Jer 1,4, außerdem Jer 12,5f; 11,19: »argloses Lamm, das zur Schlachtbank geführt wird« u.a., überhaupt die Verbindung von Verkündigungsauftrag und Leiden). Zugleich finden sich in der Gestalt des Knechtes auch Züge des Weisheitslehrers (vgl. Jes 42,2f; 50,4). Es verbinden und verdichten sich also in diesem »Jahweknecht« exemplarisch alle bekannten Mittlerfunktionen der Offenbarungsgeschichte. Zugleich ist er offensichtlich selbst der ideale Bundespartner für Jahwe, wie er in Mich 6,8 gezeichnet ist (»Gerechtigkeit üben, den Brudersinn lieben, in Dienmut seinen Weg gehen mit seinem Gott«). Er geht in seiner Zuwendung zu den Menschen und in seinem Brudersinn so weit, daß er sein Leben (für sie! vgl. 53,5f) in den Tod dahingibt und die Sünden der Vielen trägt (53,12). Diese Hingabe an Gott für die Brüder ist der Grund dafür, daß Jahwe ihn dem Todesbereich entreißt und auf die höchste Höhe des Lebens hebt, wo er ihn zugleich zum Haupt »der Vielen« bestellt.

Die Tatsache, daß Deutero-Jesaja gelegentlich auch Israel »Knecht« nennt (44,1f u.a.) und er 49,3 »Israel« genannt wird (das kann Ehrenname sein, und ist bei Jakob ja auch Individualname), trägt nicht den Schluß, daß hier das »ideale Israel« (geläutert aus dem Exil hervorgegangen) personifiziert sei. Auch der Hinweis, daß Deutero-Jesaja in 55,3 die »Gnadenerweise an David« auf das Volk überträgt, kann die vielen auf ein individuelles Wesen (das allerdings als Haupt und Repräsentant eines Ideal-Israel zu gelten hat) hinzeigenden Züge im Bild dieser unvergleichlichen Heilsmittler- und Heilbringergestalt (darum kann auch nicht Deutero-Jesaja selbst der »Knecht« sein!), nicht außer Kraft und Bedeutung setzen. Die jeden geschichtlichen Vergleich übersteigenden Aussagen von vorab Jes 53 sind schon auf alttestamentlicher Ebene am ehesten als Zukunftsaussagen verständlich. Dann aber setzt sich das Neue Testament nicht ins Unrecht, wenn es das »Christusereignis« im Lichte der Gottesknechtlieder aus Jes II begreift und interpretiert.

c) Der »Menschensohn« von Dan 7,1–27 (Text 36)

Aufmerksame Leser der synoptischen Evangelien wundern sich mit Recht, daß der Titel »Menschensohn« darin eine weitaus bedeutendere Rolle spielt als der »des Sohnes Gottes«. Sie beachten zu wenig, daß der Titel »Sohn Gottes« bereits im Alten Testament eine feste Größe geworden war und als solcher die Adoptiv-Sohnschaft zum Ausdruck brachte und nicht ein physisches Abstammungsverhältnis. So galt Israel als adoptierter »Sohn Gottes« (vgl. Ex 4,22f; Hos 11,9; Jer 31,9) und auf individueller Ebene führte der König diesen Titel (vgl. 2 Sam 7,14; Ps 89,27 f). Im Ps 2,7 wird der messianische König in einem Gottesspruch von Jahwe als »Sohn« adoptiert und damit zum »Herrscher bis zu den Enden der Erde« bestellt. Noch Röm 1,3 bezieht sich darauf, wenn da die Rede ist von Gottes »Sohn, der nach dem Fleisch aus dem Geschlecht Davids hervorgegangen, machtvoll nach dem Geist auf Grund der Auferstehung von den Toten als Gottessohn eingesetzt ist«. Der Titel als solcher ist also nicht eindeutig, zumal er im zeitgenössischen Judentum auch auf den vorbildlichen Gerechten angewendet wurde (Sir 4,10; Weish 5,5). Der Tatbestand, der in der Dogmatik mit »ewiger Sohn des Vaters« gekennzeichnet wird, hat sein biblisches Fundament nicht zuerst im Titel, so viel er auch in den synoptischen Evangelien vorkommen mag, sondern vorab in vielfältigen Aussagen, die Jesus in einem exklusiven Sonderverhältnis zu Gott als dem Vater stehend erkennen lassen.

Der Titel »Menschensohn« ist in den Evangelien die charakteristische Selbstbezeichnung Jesu. Rein sprachlich bedeutet er im Hebräischen und Aramäischen einfachhin »Mensch« (vgl. z. B. Ps 8,5; Ez 2,2.3 f; 4,7 und oft Bezeichnung für den Propheten Ezechiel). Doch ist er dem Inhalt und der Funktion nach eine theologisch überaus bedeutsame Kennzeichnung Jesu geworden, weil er eine alttestamentliche und zwischentestamentarische Vorgeschichte hat. Die Basisstelle dafür ist zweifellos Dan 7.

Dieses Kapitel beschreibt in V. 1–13 eine Vision Daniels und in V. 14–28 eine eingehende Interpretation des Geschauten. Der Seher erschaut zunächst »vier großmächtige Tiere«, die nacheinander aus dem Chaosmeer heraufsteigen (Löwe, Bär, Panther und ein unbenanntes Ungeheuer mit Eisenzähnen und zehn Hörnern). Damit sind vier Weltreiche gemeint. Sie werden durch Gottes Eingreifen abgelöst durch ein endzeitliches Reich, das in einem klar erkennbaren Gegensatz zu ihnen steht. Diese Differenz wird gekennzeichnet a) durch die symbolische Entgegenstellung eines »Menschen« (Menschensohn) gegenüber den »Tieren«, b) durch die Kontraste »Heraufsteigen aus dem Meer« und »kommen mit (auf?) den Wolken des Himmels«. Die Deutung bleibt konsequent auf der Linie der Schau von Königreichen: »Jene vier großen Tiere bedeuten vier Könige, die sich auf der Erde erheben werden. Dann werden aber die Heiligen des Höchsten das Königtum erhalten, und sie werden das Königtum besitzen für immer und in alle Ewigkeit« (V. 17 f). Es besteht in Daniel 7 also die »Gleichung«: »Menschensohn« = »Heilige des Höchsten« (V. 18.21.25) = »Volk der Heiligen des Höchsten« = endzeitliches Israel. Die kollektive Interpretation der Symbolfigur »Menschensohn« steht also zweifellos im Vordergrund von Dan 7. Nur bedeutet dies nicht alles. Ein Volk ist für hebräisches (= altorientalisches) Denken immer in einem »Haupt« (= König) »verfaßt«. Dies zeigt sich auch in V. 17 deutlich, wo »König« und »Königreich« als Wechselbegriffe erscheinen. Darum »enthält« die Repräsentationsfigur »Menschensohn« prinzipiell auch den Repräsentanten des endzeitlichen Gottesvolkes. Im äthiopischen Henochbuch und in 4 Esra (zwischentestamentarische, also keine biblisch-kanonische Schriften) wird darum folgerichtig der »Menschensohn« individualisiert. Der Menschensohn-Titel für Jesus knüpft also zweifellos an Dan 7 an, legt aber den Akzent in Anlehnung an die zeitgenössischen apokalyptischen Schriften auf die individuelle Repräsentationsgestalt des Endvolkes und Endreiches. Dies hat allerdings auch zur Konsequenz, daß Jesus nicht losgelöst von diesem Endvolk und Endreich zu verstehen ist. Im Begriff »Menschensohn« ist also auch die Kirche Jesu Christi mitumgriffen. Schließlich ist noch ein anderer Aspekt festzuhalten: Die Reiche der Geschichte erscheinen unter grausigen Tiergestalten, das von Gott heraufgeführte Endreich wird vom »Menschen« verkörpert, was zugleich ein Hinweis auf die »Menschlichkeit« des kommenden Gottesreiches ist.

Die altbundliche Heilbringerhoffnung ist, wie sich uns gezeigt hat, mehrfältig und in ihren konkreten Herauszeichnungen nicht in eine je volle Deckungsgleichheit zu bringen. Dies würde noch deutlicher, wenn alle messianisch eingefärbten Texte hier zu Wort kommen könnten. Zum Beispiel hat der Verfasser von Spr 8,22 ff, der personifizierten Weisheit Gottes, sowohl durch den Kontext (8,12 ff ist kaum ohne Anlehnung an Jes 11,1 ff entstanden) wie durch ihre Rolle als Beraterin bei der Schöpfung der Welt als universale Prophetin und Weisheitslehrerin, deren »Wonne es ist, bei den Menschenkindern zu sein« (8,31), eine messianische Aura gegeben und so eine deutliche Prämisse zum Johannes-Prolog (»Im Anfang war das Wort, und das Wort war bei Gott ...«) geschaffen. Trotz ihrer Vielfältigkeit konvergieren alle messianischen Texte dahin, daß im Gesamtheilsplan Jahwes eine endzeitliche Heilbringergestalt, die Gott bei den Menschen »vertritt« wie auch die Menschheit vor Gott repräsentiert, eine zentrale Stellung und Bedeutung gewinnt. Dieser Heilbringer ist nicht nur Bundesmittler, sondern zugleich der ideale Bundespartner Jahwes und damit ein neues »Israel« (vgl. Jes 42,6: der »Knecht« = »Bund für das Volk« und »Licht für die Heidenvölker«, und Jes 49,3: sein Ehrentitel »Israel«).

2. Die neutestamentliche Botschaft von Jesus dem Christus als »Heil« und als »Heiland«

»Vielmals und auf vielerlei Weise hatte Gott von alters her zu den Vätern gesprochen durch die Propheten; in der Endzeit dieser Tage hat er zu uns gesprochen durch den Sohn ...«, so skizziert Hebr 1,1 den biblischen Offenbarungsgang in lapidarer Kürze. Für das »Erste Testament« (AT) ist dieses »vielmals« und »auf vielerlei Weise« von vielen biblisch interessierten Christen erkannt und – oft mit Erleichterung! – anerkannt. Aber zu verstehen, daß trotz der Endgültigkeit der Offenbarung des Neuen Testamentes im Feld ihrer Verschriftlichung das »Vielmals« und besonders das »auf vielerlei Weise« ebenfalls noch ihre Berechtigung haben, fällt einer Reihe von Christen immer noch schwer. Sie erliegen der begreiflichen Versuchung, für die neubundliche Kulmination der biblischen Botschaft in deren schriftlichen, vom Heiligen Geist inspirierten Zeugnissen (aber auch das Alte Testament ist »inspiriert!«) eine Art »Katechismus« zu erblicken, d. h. ein leicht einzusehendes Verzeichnis von christlichen Glaubenswahrheiten. Sie haben sich kaum noch die Frage vorgelegt, was es bedeutet, das Jesus weder selbst geschrieben noch diktiert hat und die apostolischen Briefe zumeist Gelegenheitsbriefe (an bestimmte Gemeinden mit bestimmten Anliegen gerichtet) sind, und, was die Hauptbriefe Pauli angeht, diese noch vor den Evangelien geschrieben wurden. Das Neue Testament im ganzen ist erst zu Beginn des 2. Jahrhunderts abgeschlossen worden und, wo in ihm der Begriff »Heilige Schrift« o. ä. begegnet (vgl. Röm 1,2; 1 Kor 15,3; 2 Tim 3,15 ff u. a.), ist vorzugsweise die »Erste Schrift« (Altes Testament) gemeint. Es hat bis in die Mitte des 2. Jahrhunderts gedauert, bis das Neue Testament in seinem jetzigen kanonischen Umfang in der ganzen Christenheit als »Heilige Schrift« bekannt und anerkannt war. Aus diesen geschichtlichen Gegebenheiten (insbesondere auch aus der Kanon-Bildung!) geht auch eindeutig hervor, daß die neubundliche Bibel ganz im Schoße der apostolischen Kirche Jesu Christi verwurzelt und beheimatet ist (wie das Alte Testament in Israel!). So sehr sie Gottes inspiriertes Wort an die »Gemeinde Jesu Christi« war, ist sie von dieser selbst nicht ablösbar: Schrift und apostolische d.h. frühkirchliche Tradition sind engstens miteinander verwoben. Allemal wird die Bibel aus der Hand der Kirche empfangen, auch wenn diese nicht »Herrin«, sondern »Dienerin« des biblischen Gotteswortes ist (II. Vaticanum, Dei Verbum II, 10).

Das Neue Testament ist ein ähnlich komplexes Gebilde wie das Alte Testament. Darum ist es nicht verwunderlich, daß es in ihm verschiedene »Christologien« (Aussagen über das Christus-Geheimnis) wie auch verschiedene Soteriologien« (Aussagen über das Erlösungsgeheimnis) gibt. Nur ist diese Verschiedenheit keine »Geschiedenheit«, sondern eine Verkündigung Jesu (als des einen »Heils« und als des einen »Heilandes«) auf »vielerlei Weise«. Es gibt (ähnlich wie im Alten Testament!) auch eine neutestamentliche »Entwicklung« der zu verkündigenden Botschaft. Sie ist gleichsam mit Händen zu greifen, wenn man der Achsenlinie des Neuen Testaments entlang geht, die vom »verkündigenden Jesus« zum »verkündigten Christus« führt. Diese »Evolution« ist jedoch im positiven Sinne zu verstehen und zu werten. Zu ihrer Qualifizierung darf keinesfalls die heute so beliebte Gleichung »Das historisch Ursprünglichere ist das Echtere und schlechthin Primäre« zu einem aller Auslegung vorgängigen Richtmaß werden.

Im neutestamentlichen Bereich, welcher der Materie nach dem heutigen Christen durchweg bekannter ist als der alttestamentliche, bedarf eine Darstellung, die unter dem Motto steht: »Worauf es ankommt«, nicht allzu umfänglicher Erörterungen. Ein Durchblick, den markierenden Punkten entlang, muß und mag genügen, zumal unsere alttestamentliche Darlegungen meistens in das Neue Testament hinein »ausgriffen«.

a) Jesu Botschaft von Gottes Herrschaft und Reich

Nach Mk 1,15 hat Jesus die »Heilsbotschaft von Gott« in Galiläa zu verkündigen begonnen, indem er sprach: »Die Zeit ist erfüllt, und das Reich Gottes ist nahegekommen. Kehrt um und glaubt an die Heilsbotschaft (Evangelium).« Der griechische Ausdruck »basileia« (von basileus = König) ist – besonders in unserer von der Emanzipationsidee bis in den emotionalen Bereich hinein durchdrungenen Epoche – schwer übersetzbar. Zwar handelt es sich sachlich eher um die »Königsherrschaft« Gottes als um ein (statisch vorgestelltes!) Reich, aber dieses Wort hat heute kaum einen frohen und hellen Klang, wie Jesus und seine Zuhörer ihn mithörten. Denn der alttestamentliche Ruf »Jahwe ist König« (vgl. Ps 47,8f; 93,1; 95,3 u.a., besonders Jes 52,7) ist eine »Freudenbotschaft«, weil er nicht nur die Schaffung des Kosmos aus dem Chaos und damit die Bändigung aller chaotischen Mächte durch Jahwe ins Gedächtnis ruft, sondern vorab die endgültige Durchsetzung von Jahwes Heilsplan im Chaos der Geschichte feierlich aussagt und bezeugt. Gottes Herrschaft und Reich bedeuten als erfahrbare zukünftige Einung von göttlicher Allmacht und göttlicher Liebe das letzte Gelingen von Schöpfung und Geschichte, also das volle und damit endzeitliche »Heil-Sein« der Welt und der Menschheit. Diese »basileia Gottes« (bei Mt zumeist umschreibend »basileia der Himmel« genannt) ist der beherrschende Begriff in der Lehre und Predigt Jesu (ca. 100mal in den Evangelien belegt!). Er ist durchweg endzeitlich gemeint (vgl. Mk 9,47; 10,14.15.23.24.25 u.a.), wiewohl er auch eine Tangente in die Gegenwart hat (s.u.). Zum Unterschied von Johannes dem Täufer hat Jesus nicht den Drohcharakter und auch nicht wie die Rabbinen das Allherrschertum Gottes in den Vordergrund seiner Gottesreichspredigt gestellt, sondern (wie Jes 52,7!) die darin angesagte mächtige und umschaffende Liebe Gottes. So wird Jesu Verkündigung zu einem großen, ja umfassenden Gnadenangebot Gottes an die sündige Menschenwelt. Die Zusage von Hos 14,5 an Israel: »Ich will ihren Abfall heilen und aus freien Stücken ihnen meine Liebe schenken; denn mein Zorn hat sich von ihnen abgewandt« wird hier gleichsam universalisiert. Nur wer das Angebot dieser Heilsfülle überlegt von sich weist, ist davon ausgeschlossen bzw. besser: schließt sich selbst davon aus. Die Herbeiführung dieses endzeitlichen Gottesreiches ist allein und ausschließlich Gottes Sache; kein Mensch – auch Jesus nicht – vermag es herbeizuzwingen. Dennoch gibt es für die Gegenwart die große Möglichkeit, einen »Vorausanteil« an ihm zu erhalten: die Bekehrung zum tätigen Glauben (Mk 1,15). Was tätiger Glaube in der Verkündigung Jesu ist, kann ersehen werden aus der Orientierung, die er gibt: Halten des Dekalogs in Gottes- und Nächstenliebe (Mk 12,30ff; Mt 12,34ff), Nachfolge auf seinem Weg (Mk 8,34ff; 10,21.29f u.a.), gelebtes Vertrauen auf die Heilsansage der Seligpreisungen (Mt 5,3–10; Lk 6,20ff). Insofern ist die Gegenwart die Entscheidungszeit für die Teilhabe am »Gottesreich«; ja es geschieht bereits – durch Jesus – eine gegenwärtige »Anteilgabe« an der an sich noch ausstehenden Fülle der Gottesherrschaft (vgl. Lk 11,20; 17,21).

b) Die Botschaft und der »Bote«

Die alttestamentlichen Propheten waren als »berufene Ausrufer« einer Gottesbotschaft »Boten Jahwes« im Vollsinne des Wortes. Doch war ihre eigene individuelle Person höchstens partiell in ihre Botschaft an Israel hineingestellt. Anders verhält es sich mit Jesus dem Christus. Er füllt zwar auch die Rolle eines Rabbi d.h. eines Gesetzes- und Weisheitslehrers aus und noch klarer die eines Propheten (vgl. Mk 6,15), aber er ist mehr als Salomo und als Jona (vgl. Mt 12,41f) oder irgendein anderer Prophet (vgl. Mt 11,9; Lk 7,26; 16,16). Das zeigt sich u.a. auch darin an, daß Jesus offensichtlich nie den für die Propheten charakteristischen Botenspruch (»So hat der Herr zu mir gesprochen« etc.) für seine Botschaft benützt hat. Wiewohl Mose für Jesus der oberste gottgesandte Gesetzgeber war (vgl. Mt 8,4; 23,2 u.a.), stellt er sich in der Bergpredigt neben und über ihn mit seinem: »Ich aber sage euch« (Mt 5,22.28.32.34.39.44). Seine Hörer waren betroffen, daß er in geradezu göttlicher Vollmacht lehrte (vgl. Mt 7,29; Mk 1,22; Lk 4,32). Daß Jesus sich auch durch die Heilungswunder als »Bevollmächtigter« (im ganzen Sinne des Wortes!) auswies, davon geben die Evangelien ein unwiderlegbares Globalzeugnis. Auch seine Dämonenaustreibungen, so sehr sie auch zeitgeschichtliches »Kolorit« an sich tragen, hatten den Sinn, den Anbruch der Gottesherrschaft in seiner Person und seinem Wirken zu bezeugen und zu versinnbilden (vgl. Mk 1,23–27; 5,1–20; Mt 12,28 = Lk 11,20). Auch der Zuspruch der Sündenvergebung (durch Gott vgl. Mk 9,5.9 in passivischer Formulierung!) stellt Jesus in eine solche Mittlerposition zu Gott, wie sie das Judentum nicht einmal dem Messias zuerkannte. Nachlaß der Sündenschuld durch die Liebe und Barmherzigkeit Gottes aber ist ein wesentliches Moment des endzeitlichen Gottesreiches (vgl. Jer 31,34).

Die »Nähe Gottes« und der Charakter der »Gottesherrschaft« als schöpferische Liebe und wirkmächtiges Erbarmen leuchten bei Jesus auch darin auf, wie er selbst gesinnt ist und diese Gesinnung als »Brudersinn« lebt. Seine Existenz, das ist das Gesamtzeugnis der Evangelien, ist wahrhaft eine »Pro-Existenz«, ein »Dasein für die Menschen«. In einer den Rahmen aller Üblichkeiten sprengenden und ärgerniserregenden Weise wendet er sich den Armen und Ungebildeten, den Kleinen und Geringen (vgl. Mk 9,42; Mt 10,42 u.a.), den »Mühseligen und Beladenen« (Mt 11,28), den Kranken, den von andern Menschen Diffamierten und Gemiedenen (Zöllner, Sünder, Dirnen) zu und nimmt sie als Menschen an. Nicht daß Jesus Sünde nicht Sünde nennte (vgl. Joh 8, 11), aber er will gerade die Sünder heimgeholt wissen in die von ihm verkündigte sich erbarmende Liebe Gottes (vgl. das Gleichnis vom barmherzigen Vater und dem verlorenen Sohn in Lk 15, 11–32). So kommen in Jesu Sein und Tun das Heil und die Helle der endzeitlichen und endgültigen Gottesherrschaft zum »Vor-Scheinen«. Deren »Praeludium« ist vernehmbar in Jesu nicht nur im Lehrwort vermittelten, sondern durch sein Leben und Sterben besiegelten Verkündigung. Auch in diesem Sinne ist das Gottesreich »nahegekommen« (Mk 1, 15), daß es in Jesu Person und Werk bereits im Anbruch und so anfanghaft präsent ist.

c) *Jesu Tod, Auferweckung und Erhöhung*

Die Fragen, ob Jesus ein Sterben für seine Sache vorausgesehen, und erst recht, wie er seinen Tod verstanden und gedeutet hat, stellen heute ein stark umstrittenes Problemfeld dar. Daß seine »Leidensweissagungen« und seine Passionsgeschichte erst im Lichte des Ostergeschehens ihre letzte Verschriftlichung in den Evangelien fanden, kann nicht bestritten werden. In jedem Fall handelt es sich aber um inspirierte und zugleich zentrale Texte der Heiligen Schrift, und so steht zum allerwenigsten hinter der biblischen Deutung des Sterbens Jesu Gottes Autorität. Doch zeichnet sich in der Diskussion der letzten Zeit deutlich eine Tendenz ab, eine größere Kontinuität zwischem dem »vorösterlichen Jesus« und dem »nachösterlichen Christus« anzunehmen, und dies mit gutem Grund. Man kann ja kaum einsichtig machen, daß Jesus einerseits alle prophetischen Deuter und Verkünder vor ihm schlechthin überboten hat und ihm andererseits kein genügend erhelltes Bewußtsein über seinen Weg in den Tod und dessen Bedeutung eignete. Er hatte zudem das Schicksal vieler alttestamentlicher Propheten vor Augen und zuletzt noch das Johannes' des Täufers (vgl. Lk 13,31 ff), und rechnete für sich selbst erst recht mit einem gewaltsamen Geschick, wie die Parabel von der »Tötung des Sohnes des Weinbergbesitzers« (Mk 12,1–12, im Kern »vormarkinisch«) zur Genüge zeigt. Weiterhin sind zeitgeschichtlich die Vorstellungen vom »leidenden Gerechten« und vom »leidenden Propheten« (und der göttlichen »Antwort« darauf, die »himmlische Verherrlichung« heißt) als in bestimmten jüdischen Milieus verbreitet belegbar. Daß schließlich der erstaunlichste Text des Alten Testaments, das 4. Lied vom leidenden, sterbenden und erhöhten Jahweknecht, sich nicht schon Jesus (und damit nicht erst den unbekannten Verfassern einer frühen Eucharistieliturgie) als Deutung seines Geschickes angeboten haben soll, ist angesichts seines prophetischen Ausleger-Anspruchs geschichtlich unwahrscheinlich. Wiewohl die Abendmahltexte nicht »historisch« im eigentlichen Sinne sind, kann man ihre jetzigen Wesenselemente nicht einfachhin als »nachösterliches Konstrukt« betrachten. Der »biblisch Glaubende« nimmt in allen Fällen das in der Endgestalt der Texte Zeugenwort gewordene »Wort Gottes«, wie es der Gemeinde Jesu zur Verkündigung anvertraut wurde, zum letzten Richtmaß seines Glaubensinhalts. Die »Inspiration der Bibel« gehört in ihrem »daß« (ihr »Wie« ist schwerer zu bestimmen!) selbst zu den zentralen Fakten der Heilsgeschichte.

Grundlegend für den biblischen Glauben an das »Christus-Ereignis« ist 1 Kor 15,1–8: »Brüder, ich tue euch das Evangelium kund, das ich euch verkündet habe, das ihr auch angenommen habt, in dem ihr auch feststeht, durch das ihr auch das Heil erlangt, wenn ihr euch an das Wort haltet, wie ich es euch verkündet habe; es müßte denn sein, daß ihr umsonst gläubig geworden wäret.

An erster Stelle habe ich euch ja überliefert, was ich auch überliefert bekommen habe, nämlich: Christus ist für unsere Sünden gestorben nach der Schrift, er ist begraben worden und am dritten Tage auferweckt worden nach der Schrift, und er ist dem Kephas erschienen, dann den Zwölfen. Danach ist er mehr als fünfhundert Brüdern auf einmal erschienen; die meisten von ihnen leben jetzt noch, einige aber sind entschlafen. Danach ist er dem Jakobus erschienen, dann allen Aposteln. Zuletzt aber von allen ist er auch mir erschienen, gleichsam als Fehlgeburt.« Das in den V. 3–5 formulierte Bekenntnis ist von Paulus übernommen worden, muß also bereits in der Zeit um 40 n. Chr. entstanden sein und steht damit den Ereignissen selbst noch relativ nahe. Sein Kern ist die Bezeugung der heilsgeschichtlichen Bedeutung sowohl des Todes wie der Auferweckung Jesu Christi.

aa) Der Christus ist »für« und zugleich »wegen« unserer Sünden gestorben. Das Bekenntnis von 1 Kor 15,1 ff greift Paulus auf in Gal 1,4; 1 Thess 5,10. Die Angabe in der vorpaulinischen Formulierung »nach der Schrift« (1 Kor 15,3) hat ihren nächsten Anhaltspunkt in Jes 53, wo mehrfach, insbesondere im das Ganze abrundenden Gottesspruch, bezeugt wird, daß der Knecht »die Schuld der Vielen trug und für die Sünder eintrat« (V. 12). In der »vormarkinischen« und damit ältesten Abendmahlsüberlieferung, und zwar in ihrem »Weindeutewort« (Mk 14,24: »Dies ist mein Bundesblut, das für die Vielen vergossen wird«) wird in der Tat der bevorstehende Tod Jesu (er ist im Sohn des Weinbergbesitzers in Mk 12,6 ff anvisiert!) in die Perspektive von Jes 53 eingerückt, also als stellvertretende Lebenshingabe Jesu gedeutet. Die souveräne, ja charismatische Übernahme von Ex 24,8 (»Blut des Bundes«, jetzt als »Sühneblut« interpretiert!) und der Globalaussage von Jes 53 ist durchaus bereits Jesus zuzutrauen. Dann aber ist sein letztes Mahl nicht ein bloßes Abschiedsmahl, sondern die Stiftung einer Mahlgemeinschaft, in welcher er bereits im voraus Anteil gibt an der durch seinen bevorstehenden Hingabe-Tod geschenkten Sühne und Versöhnung mit Gott und damit an einem »Neuen Bund«, der zunächst für das bundesbrüchige Israel und damit auch für alle Völker bestimmt ist. In den Eucharistiefeiern der nachösterlichen Gemeinde (vgl. 1 Kor 11,17–34, bes. 11,23ff) ereignet sich dies in jedem Falle.

bb) Jesus der Christus ist von Gott nicht im Tode belassen, sondern auferweckt worden (in eine himmlische Existenz hinein). Paulus insistiert nach Zitierung des »Urbekenntnisses« (1 Kor 15,4) das ganze Kapitel hindurch auf dieser in der Menschengeschichte singulären Heilstat Gottes am Gekreuzigten und deckt ihre enge Verknüpfung mit der allgemeinen Totenerweckung als endzeitlichem, alle Menschen betreffenden Ereignis auf. In 1 Kor 15,5 sind die Zeugen benannt, denen sich Jesus als »der Lebende« kundgetan hat. Von ihnen ist auch in den vielerlei auf keinen einheitlichen Nenner zu bringenden Ostererzählungen der Evangelisten die Rede.

Die Auferweckung Jesu wie die endzeitliche Totenerweckung sind für das Ohr der »aufgeklärten« Menschen »seltsame Dinge« (Apg 17,20), und Paulus hat nach Apg 17,32ff auf dem Areopag in Athen mit diesem Thema offene und versteckte Ablehnung erfahren. Daran ist nicht zuletzt die Verschiedenheit der biblischen und der griechisch-abendländischen Anthropologie schuld. In der Bibel gehört die Leiblichkeit zum Wesen des Menschen als Menschen. Wenn Gott ihm im Tode kein absolutes Ende schlechthin setzen wollte, so mußte auch jenseits des Grabes seine »Leibhaftigkeit« am Ende wieder in ihre »Gültigkeit« eingesetzt werden. Darum hat sich konsequenterweise gegen Ende des Alten Testaments auch der Auferweckungsglaube, nicht aber der griechische Unsterblichkeitsglaube im engeren Sinne (die Geistseele betr.) zu artikulieren begonnen (vgl. Jes 25,8; 26,19; Dan 12,1 ff). Freilich gibt es auch zwischentestamentarische Zeugnisse, daß »Erweckung zur Ganzheit vor Gott« nicht den »Leib im Grabe« mitbetreffen muß.

Wie ist die Auferweckung Christi näher zu verstehen und zu deuten? In keinem Falle handelt es sich bei aller »Leibhaftigkeit« des aus dem Tode Erstandenen um eine Rückrufung in die Existenzweise diesseits des Grabes. Gegenüber dem Leib, der ins Grab versenkt wird, beschreibt Paulus die neue Leiblichkeit (in vier Antithesen!) so: »Gesät wird in Verweslichkeit, auferweckt in Unverweslichkeit. Gesät wird in Unansehnlichkeit, auferweckt in Herrlichkeit. Gesät wird in Schwachheit, auferweckt in Kraft. Gesät wird ein sinnenhafter Leib, auferweckt ein geistiger (pneumatischer!) Leib« (1 Kor 15,42 ff). Damit ist zwar unser Vorstellungsbedürfnis kaum gestillt, aber dennoch können wir mit der Seelenkraft der Ahnung, die im religiösen Bereich entscheidender ist, ein wenig ausloten von dem, was Gottes Allmacht und Liebe an Höchstem und Herrlichsten innerhalb seiner Gesamtschöpfungswelt zu »kreïeren« vermögen.

Die Botschaft von der Auferweckung Jesu Christi meint nichts anderes als dies, daß in ihm die »Neue Schöpfung«, der »Neue Himmel und die Neue Erde«, welche die endzeitliche Gottesherrschaft darstellen werden, bereits in ihrem Kristallisationskern »gesetzt« sind (vgl. 1 Kor 15,20: »Christus ist auferweckt worden als Erstling der Entschlafenen«, vgl. Kol 1,18). Dies ist kein »neuer Mythos«, welcher »der modernen Rationalität nicht zugemutet werden kann«, sondern eine dem Glaubenden von Gottes Geist verbürgte Realität. Darum holen auch gutgemeinte (weil pastoral begründete) »Entmythologisierungen« der Auferstehungsbotschaft die biblisch unmißverständlich verkündigte Wirklichkeit nicht ein. Gleichwohl können sie wenigstens als »Aspekte« die gläubige Sicht auf das Auferweckungsgeheimnis bereichern: 1. Diese Botschaft weist in ihrer Singularität auf eine neue Weise Jesu Tod am Kreuze als zentrales Heilsereignis der Geschichte aus. 2. Jesus ersteht in einem gewissen Sinne auch in die Kirche und ihr Kerygma hinein, insofern seine pneumatische Lebensfülle auch Wort und Sakrament der Kirche zuinnerst belebt und wirksam macht, und so die Kirche als »mystischen Leib Jesu Christi« auferbaut (vgl. Eph 1,23; 4,12; 5,29f; Kol 1,18 u.a.). 3. Die Sache Jesu Christi, des »Lebenden«, geht auf Erden weiter als Gabe und Aufgabe für jede Generation (Mt 28,19f).

cc) Jesus der Christus ist der »zur Rechten des Vaters Erhöhte«. Wenn auch nicht direkt von einer Auferweckung, so ist doch in Jes 53 ausdrücklich von einer Erhöhung des leidenden Jahweknechtes gesprochen (vgl. 52,13; 53,11ff). Bemerkenswert (leider zumeist unbemerkt!) ist der Grund dafür, daß er von Gott auf die Höhe des Lebens gestellt wird, der, daß er in seinem Brudersinn (vgl. Mich 6,8) so weit ging, als Unschuldiger sein Leben anstelle und zugunsten der schuldigen Menschenbrüder anzubieten und Gott hinzugeben.

Die Apostelgeschichte bezeugt gleich zu Eingang in ihrer Himmelfahrtsperikope (1,6–11), daß dem auferstandenen Herrn eine Erhöhung zuteil wurde, wie sie vergleichsweise Jes 53 im Auge hat. Die Petruspredigt an Pfingsten formuliert dies so: »Gott hat (diesen) Jesus auferweckt; dessen sind wir alle Zeugen. Durch die Rechte Gottes nun erhöht, hat er vom Vater den verheißenen heiligen Geist empfangen und das ausgegossen, was ihr da seht und hört« (Apg 2,32ff). Dem entspricht das Petrusbekenntnis vor dem Hohen Rat: »Diesen (Jesus) hat Gott zu seiner Rechten als Führer und Heiland erhöht, um Israel Bekehrung und Vergebung der Sünden zu gewähren« (Apg 5,30). Darum hat die Urgemeinde in ihrem »Christushymnus« gesungen: »In seiner äußeren Erscheinung als Mensch erfunden, erniedrigte er sich selbst und wurde gehorsam bis zum Tode, bis zum Tode am Kreuze. Darum hat Gott ihn erhöht und ihm den Namen gegeben, der über allen Namen ist« (Phil 2,7 ff). Bemerkenswert ist dabei, daß hier wie in Jes 53 gar nicht ausdrücklich von der Auferweckung gesprochen wird, sondern die Erhöhung die Auferstehung offensichtlich in sich schließt (vgl. Röm 1,4: »Christus Jesus auf Grund der Auferstehung von den Toten als Gottessohn eingesetzt«). Diese »Erhöhung zur Rechten Gottes« (vgl. Ps 110,1) bedeutet seine Einsetzung zum Herrscher über das Gottesvolk (Apg 5,31) und sogar über das All schlechthin (Phil 2,10f). Damit wird Jesus, der während seines öffentlichen Wirkens den Messiastitel (wegen seiner politischen Implikationen) abgelehnt hat, am Ende tatsächlich das Herrentum im Vollsinn zuteil, das die entsprechenden messianischen Texte des Alten Testaments dem Heilbringer zusprachen und die Juden zur Zeit Jesu vom Messias als machtvollem Statthalter Gottes erwarteten (Ps Sal 17; aeth. Hen 45,3, 46,4ff u.a.). In der Erhöhung Jesu ist auch die Botschaft angesiedelt, daß er das lebendige und lebenspendende unsichtbare Haupt der sichtbaren Kirche (vgl. Eph 4,15f; 5,23; Kol 1,18; 2,17), seines »Leibes« (vgl. Röm 12,5; 1 Kor 10,16f; Eph 1,23 – 5,30 u.a.), ist. Schließlich ist mit der »Erhöhung zur Rechten des Vaters« auch die Betrauung Jesu Christi mit dem endzeitlichen universalen Richteramt in der Parousie (Wiederkunft) verbunden. Dazu hat sich Jesus nach Mk 14,62 (dem ältesten Prozeßbericht!) nach der Messiasfrage des Hohenpriesters bekannt. Auf die Frage: »Bist du der Messias, der Sohn des Hochgelobten?« antwortet Jesus: »Ich bin es. Und ihr werdet den Menschensohn sehen, sitzend zur Rechten der Kraft (Gott!) und kommend mit den Wolken des Himmels.« Im Kontext zeitgeschichtlicher jüdischer Anschauungen nimmt sich dieses Wort als echtes Jesuswort aus. Die offensichtliche »Anlehnung« an Dan 7,13; Ps 80,18 und 110,1 spricht keineswegs dagegen. Auf Mk 14,62 bezieht sich auch die Gerichtsansage von Joh 5,27 ff, und all die vielen Belegstellen über Jesus als eschatologischen Richter der Welt stimmen darin überein (Mk 13,24–27; Mt 24,29–31; 25,31 ff; Lk 21,25–28; 1 Kor 1,8 («Tag Jesu Christi« = Phil 1,6; 1 Thess 5,4; 1 Thess 4,15–17 u.a.).

d) Jesus Christus, der Sohn Gottes

Da die Gottessohnschaft Jesu Christi und zwar so, wie sie die alten Glaubensbekenntnisse der Kirche formulierten, zum zentralen christlichen Glaubensgut gehört, erwarten viele Christen sie auch in der Bibel an erster Stelle und wundern sich, daß Jesus sich nicht selbst mit dem Titel »Sohn Gottes« vorstellt, sondern sich ihn höchstens zusprechen läßt, und dies an nur wenigen Stellen (vgl. Mt 16,16 [Petrusbekenntnis]; Mk 14,61 [Frage des Hohenpriesters]). »Sohn Gottes« konnte nämlich vielerlei bedeuten, wurde aber im Alten Testament und in der jüdischen Tradition immer im Sinne einer Adoptivsohnschaft verstanden. Paulus benutzt noch im Eingang des Römerbriefs (»auf Grund der Auferstehung als Gottessohn eingesetzt«, 1,4) den Adoptiv-Titel des königlichen Messias aus Ps 2,7. Auf diese Stelle (und zugleich auf Jes 42,1) bezieht sich auch Mk 1,11: »Du bist mein geliebter Sohn« (Taufe Jesu!). Die heilsgeschichtliche Sicht ist sowohl in der biblischen Selbstoffenbarung Gottes wie in der der Vateroffenbarung nachgeordneten Selbstoffenbarung Jesu die primäre; die Aktions- und Funktionsaussagen rangieren also vor den Wesensaussagen. Das ist auch heilspädagogisch verständlich. Gläubige Hörsamkeit muß mindestens das Tun des Offenbarungsgottes respektieren und darf nicht abendländische Erwartungen und Einschätzungen zum Maßstab des »Denkens« machen. Liegt aber mit diesen Feststellungen nicht der Schluß auf der Hand, daß die dogmatische Sohn-Gottes-Lehre keine ausreichenden biblischen Grundlagen habe? Das wird zwar oft behauptet, stimmt aber keineswegs, wie sich aus folgenden Befunden ergibt:

1. Die synoptischen Evangelien bezeugen klar, daß Jesus sich in einer ausschließlichen Sonderbeziehung zu Gott als seinem Vater wußte. In der vertraulich-familiären Anrede »abba« (aramäisch = »(mein) Papa«, in Mk 14,36 direkt belegt und für alle Gebete, die Jesus an den Vater richtet, erschließbar), steht Jesus nach allem, was wir aus der jüdischen Gebetsliteratur kennen, allein (auch wenn die Juden etwa im Achtzehngebet »unser Vater« sagen, das sie aber sofort durch »unser König« ergänzen). In Mt 11,27 (Lk 10,22) findet sich in einem Jubelruf Jesu das die Einzigartigkeit der Beziehung untermauernde Bekenntnis: »Alles ist mir von meinem Vater übergeben. Und niemand kennt den Sohn als der Vater; und den Vater kennt niemand als nur der Sohn und wem der Sohn es offenbaren will!«

2. Das Johannesevangelium, das trotz seiner Einzeichnung des himmlischen Christus in den irdischen Jesus und seiner relativ späten Abfassung unverrückbar biblische Botschaft ist und bleibt, lehrt die Gottessohnschaft Jesu Christi nicht nur als eine »funktionale« (im Sinne von: Jesus ist als Sohn gesandt und wirkt als Sohn), sondern als

eine wesenhafte und damit ewige. Schon der »Prolog« bringt dies vorweg zum Zeugnis. Der »Logos« (Wort), der »Fleisch« (Mensch) geworden ist, (Joh 1,14) ist nach V. 1 »Gott« (von Art). Demzufolge kann Jesus in 10,30 sagen: »Ich und der Vater sind eins« und in 14,9: »Wer mich gesehen hat, hat den Vater gesehen.« Freilich erscheint diese »Einheit« vornehmlich als ein gemeinsames Sich-Kennen (10,15), Wollen (4,34) und Wirken (65,17.19.20), wobei der Vater der Bestimmende und insofern der »Größere« ist (14,28). Doch hindert diese Sicht den Evangelisten nicht, den Apostel Thomas in 20,28 zum Auferstandenen sagen zu lassen: »Mein Herr und mein Gott.« In dieser Perspektive ist 20,31 auszulegen: »Diese (sc. Zeichen) sind aufgeschrieben, damit ihr glaubt, daß Jesus der Christus ist, der *Sohn* Gottes, damit ihr glaubend Leben habt in seinem Namen.« Im Johannesevangelium sind in jedem Fall Vater und Sohn in und bei aller Zweiheit der Personen eine gelebte innige Einheit, und dies von Ewigkeit her und auf Ewigkeit hin.

3. Der vorpaulinische und darum sehr früh anzusetzende Christushymnus in Phil 2,6–11 beginnt so: »Er, der in Gottesgestalt war, erachtete das Gottesgleichsein nicht als (festzuhaltendes) Beutestück, sondern er entäußerte sich selbst, nahm Knechtsgestalt an und wurde den Menschen gleich.« Gestalt meint hier die »Daseinsweise«. Vor der irdischen Existenz Jesu liegt demnach eine göttliche Existenzweise, die in der Knechtsgestalt zwar nicht mehr aufscheint, aber für Jesu Gesamtwirklichkeit wesenhaft ist und ihn vor allem befähigt, als aus dem göttlichen Bereich Kommender in der freien Gehorsamstat seiner Erniedrigung die Erhöhung über alle nichtgöttlichen Mächte zu erreichen und damit zugleich eine Befreiung von ihnen zu erwirken.

4. Von Paulus wird zwar höchstens an zwei, allerdings umstrittenen Stellen (Röm 9,5; 2 Kor 1,2), von Jesus unmittelbar die Gottheit ausgesagt, doch hat er ausdrücklich und bekenntnishaft das alte Christuslied in seinen Philipperbrief aufgenommen, das nicht nur die Gottgleichheit des »vorausexistierenden« Jesus ausruft, sondern auch in den hymnischen Ruf ausklingt: Kyrios ist Jesus Christus zur Ehre Gottes des Vaters! (Phil 2,11). Dieser Kyriostitel (im Alten Testament Wiedergabe von JAHWEH) wird dem Erhöhten von Paulus beständig zugesprochen in all seinen Briefen und damit Jesu Göttlichkeit bezeugt. Der Titel »Sohn« ist bei Paulus zwar in verschiedenem Sinne verwendet, aber wenn er in Röm 8,3 sagt: »Gott sandte seinen eigenen Sohn in der Gestalt des sündigen Fleisches«, ruft dies deutlich den Christushymnus von Phil 2 in Erinnerung. Ebendies gilt auch für Gal 4,4: »Als die Fülle der Zeit kam, entsandte Gott seinen Sohn.« Allerdings ist für alle bisher besprochenen Zeugnisse als bezeichnend anzumerken: ihre Perspektive ist nicht auf die »Seinsverhältnisse« in der Person Jesu hin orientiert (um sie etwa dogmatisch-spekulativ zu erörtern), sondern auf die heilsgeschichtliche Bedeutung des ganzen Christus. Dies gilt auch noch für den späten Brief an Titus, wo Jesus ausdrücklich »Gott« genannt wird. Danach sollen wir Christen leben »als Menschen, die auf die selige Hoffnung harren und auf die Epiphanie der Herrlichkeit unseres großen Gottes und Heilandes Christus Jesus: er hat sich selbst für uns dahingegeben, um uns loszukaufen von aller Gesetzlosigkeit und sich ein Volk zum Eigentum zu reinigen, das wetteifert in guten Werken« (2,13 f).

Daß das Neue Testament die Botschaft von Jesus dem Christus als dem ewigen Sohn des Vaters verkündet, kann nach seinen einschlägigen Zeugnissen dafür nicht geleugnet werden. Wiederum sind auch in diesem Problemfeld (wie in dem der Auferstehung) moderne Versuche zu verzeichnen, in dieser biblischen Verkündigung keine Wesensaussage über den Christus zu sehen, sondern nur ein Zeugnis für seine einzigartige Bedeutung in der Heilsgeschichte Gottes mit der Menschheit. Daß der Botschaft vom einzigartigen Sohn Gottes diese letztgenannte Funktion *auch* zukommt, kann keine Frage sein. Aber daß biblisch hier nur ein »Interpretament« der Jesus-Funktion vorliege, ist schlechthin unerweislich. Angesichts jener biblischen Aussagen, die offensichtlich nicht nur die Funktion Jesu, sondern darin etwas von seiner »Essenz« (Wesen), (welche Jesu Mittlerfunktion auf eine unüberbietbare Weise ermöglicht und grundlegt) bezeugen wollen, ist es auch völlig unwahrscheinlich. Darum hat die Kirche von Anfang an in diesem ihr entscheidend scheinenden Punkt keine Abstriche gemacht noch zugelassen. Freilich mußte sie sich auch nach der anderen Seite wehren: jene frühen Versuche, welche neben der »Gottheit« Jesu Christi seine volle Menschheit nicht mehr ernst genug nahmen, mußten ebenso abgewiesen werden. (Kampf gegen gnostische Strömungen.) Diese doppelte Frontstellung ist kennzeichnend für die Alte Kirche und ihre großen Konzilien. Doch ist das christliche Bewußtsein der Folgezeit – insbesondere im germanischen Raum – stärker geprägt worden durch das Schauen auf Christus als ewigen Gottes-Sohn als auf Jesus als »Menschensohn« in dem Sinne, daß er ganz und gar Mensch war und bleibt, also einfachhin zugleich der »Mensch der Menschen« ist. Jesus selbst und die biblischen Zeugnisse von ihm und über ihn lassen aber über sein »radikales Menschsein« keinerlei Zweifel. Wäre Jesus nur dem Körper nach Mensch – ein nach der biblischen Menschenauffassung unvollziehbarer Gedanke – und nicht ein ganzer leib-seelischer Mensch wie wir, wäre er nicht nur ein unheimliches »Phantom« für uns, sondern es hätte auch keine wirkliche »Erlösung der Menschen« in ihm und durch ihn stattgefunden. Der Hebräerbrief, der Jesus Christus unumwunden »Gott« nennt (1,8), bezeugt in 4,15f seine totale Teilhabe an unserem Menschsein: »Wir haben nicht einen Hohenpriester, der nicht mitfühlen könnte mit unseren Schwachheiten, vielmehr einen, der in jeder Beziehung gleichermaßen versucht worden ist, die Sünde ausgenommen.« Wer in seinem Glauben und seinem Glaubensbewußtsein nicht Jesus als »dem Menschen der Menschen« und damit seinem Bruder (vgl. Röm 8,29; Hebr 2,11) begegnet, bekommt ihn nicht wirklich zu Gesicht und kann sich nicht tröstend bergen in seinem so urmenschlichen Wort: »Abba, Vater, alles ist dir möglich. Laß diesen Kelch an mir vorübergehen. Doch nicht, was ich will, sondern was du willst!« (Mk 14,36 par.). Selbst die »Gottesnot« der Menschen im Sterben ist ihm nicht fremd geblieben, wie er in seinem Sterbegebet (Ps 22) bekennt: »Mein Gott, mein Gott, warum hast du mich verlassen?« (Mk 15,34; Mt 17,46). Zu Ende dieses Psalms hat der Sterbende in der Hoffnung, welche dem Psalmisten zuteil wurde, allerdings jetzt in einem neuen und größeren Horizont, zu seinem Gott und Vater sprechen dürfen: »Deinen Namen will ich verkünden den Brüdern!« (Ps 22,23 vgl. Hebr 2,12).

V.
DAS LEBEN GOTTES ALS EINE DREIEINIGE LEBENSFÜLLE

Die biblische Botschaft von Jesus als vollmenschlichem Menschen und als menschgewordenem ewigen Gottessohn stellt auch die Glaubenden vor die intellektuell redliche Frage, wie dies zusammen sein könne und gedacht werden müsse. Dazu kommt sogleich die weitere und umfassendere Frage: Wird die klare biblische Offenbarung: Gott ist ein alleinzigen Gott! (vgl. das israelitisch-jüdische Bekenntnis »Sch'ma« in Dtn 6,4) hier nicht gefährlich tangiert, ja sogar negiert? Das Judentum und der Islam werfen tatsächlich dem Christentum zumeist eine Auflösung des gemeinsamen großen monotheistischen Erbes vor. Man hält hier die Lehre von den drei Personen im einen Gotteswesen für verschleierten Tritheismus (Dreigötterlehre) und sieht die Dreiheit der Personen in einer gewissen Parallele zu den gelegentlichen Göttertriaden in der allgemeinen Religionsgeschichte. Es gibt heutzutage auch christliche Theologen, welche die Trinität fast ausschließlich »heilstheologisch« verstehen möchten, d.h., für sie handelt Gott in der Offenbarungsgeschichte als Vater, Sohn und Geist bzw. Gott teilt sich Welt und Mensch mit in Jesus Christus durch den Heiligen Geist. Über Gottes transzendentes »Wesen« läßt sich, so sagt man, damit kaum eine Aussage machen oder wagen. Die traditionelle Trinitätslehre erscheint dabei öfter als Ergebnis der Hellenisierung (Vermengung des biblischen Glaubensgutes mit griechischer Philosophie) des Christentums, die im Namen der Bibel wieder rückgängig gemacht bzw. relativiert werden müsse.

Es ist hier nicht der Platz, diese letztere Diskussion aufzugreifen. Es sei nur bemerkt, daß genauere Studien über die trinitarische Dogmenentwicklung die These von der platten Hellenisierung als unzutreffend erweisen. Für unsere Darstellung kann nur die Frage anstehen, ob das Neue Testament die Botschaft von der Dreipersonalität des einen und alleinzigen Gotteswesens schon enthält und bekennt, und wie weit dies Bekenntnis geht.

1. Die alttestamentliche Vorbereitung der Botschaft vom dreieinigen Gott

Viele Kirchenväter und manche Theologen sehen das Dreieinigkeitsgeheimnis sich schon im Alten Testament abzeichnen. Das göttliche »Wir« in Gen 1,26 (»Laßt uns den Menschen machen!«, vgl. auch Gen 3,22; 11,7, oder in Jes 6,8 [»Wen soll ich senden? Wer wird für uns gehen?«]) scheint ihnen die Mehrpersonalität Gottes bereits anzudeuten, wenn nicht gar schon auszusprechen. Sodann ist der bekannte Tatbestand, daß die Dreizahl im Alten Testament ganz allgemein die Hauptsymbolzahl für den göttlichen Bereich ist (vgl. z.B. das dreimal »Heilig« der Seraphim in Jes 6,3), gelegentlich als Hinweis auf die Trinität verstanden worden. Auf rein alttestamentlicher Ebene lassen sich solche Deutungen nicht als überzeugend erweisen. Man kann aber – vor allem aus der Sicht der »evolutiven« Gesamtoffenbarung – auf andere »Prämissen« hinweisen, die einen »Hinweg« zum Mysterium vom dreipersonalen Gott eröffnen.

Eine erste Prämisse dazu ist die Botschaft vom radikal personalen Gott. In Israel war man zwar auf keine Definition von Personalität aus, aber man hat über ihre »Sache« offensichtlich sehr gut Bescheid gewußt. Die Personalität des Menschen wurde vorab im Sprechen erfahren. So galt die Sprache als das Unterscheidungszeichen der Menschen gegenüber der biologisch verwandten Tierwelt (Erschaffung beider am 6. Tag in Gen 1,24ff, vgl. auch Gen 2,18ff). Sie wird trotz ihrer Lautsignale vom Hebräer »das Stumme« *(behemah)* genannt. Der Mensch aber ist der Sprechende, der in der Sprache sowohl bei sich selbst ist (vgl. das Sprechen »zu seinem Herzen« und »in seinem Herzen« für Denken!) wie im zwischenmenschlichen Dialog sich als »Ich« und »Du« erfährt. Israel weiß so von Hause aus um den wesenhaften Unterschied von »Ich-Welt« und »Es-Welt«. Es hat im Bereich der Offenbarung Jahwe nicht nur als Handelnden, sondern als Sprechenden kennen gelernt, und damit als »ICH« und »ER« und »SELBST« ohnegleichen erfahren und darauf je und je im »Du« geantwortet. Die Propheten rufen Israel immerfort vor das »ICH« Jahwes, der bald im Selbsterschließungswort (z. B. »Ich bin Jahwe, dein Gott von Ägypten her«, Hos 12,10), bald im Weisungswort, bald im geschichtsmächtigen Gerichts- und Gnadenwort sich Israel personal konfrontiert. Die Personalität Gottes prägt sich Israel besonders tief ein in der Übernahme zweier signifikanter personanzeigender »Chiffren« in die Offenbarungssprache: Jahwe hat ein »Angesicht« (vgl. Ex 34,20; Dtn 10,8 u. ö.), und er hat ein »Herz« (vgl. vorab Hos 11,8; Jer 31,20), d. h. Erkenntnis, Wille und Gemüt. Eine die Personalität neutralisierende Benennung wie »das Sein selbst«, »der absolute Seinsgrund« u. ä. ist für die Bibel trotz ihrer Insistenz auf der Transzendenz und »Unvorstellbarkeit« Gottes geradezu »unerträglich« zu nennen. Um so mehr muß verwundern, daß man heute oft einerseits die »Hellenisierung« der Gottesbotschaft im Sinne des Erfassungsversuchs mit philosophischer Begrifflichkeit »verdammt« (und zwar im Namen der biblischen Verkündigung!) und andererseits das »Sein« und seine »Modi« als letztgültige

»Chiffren« – unter Verweisung eines angeblich »subjektfixierten« Personenbegriffs in den zweiten Rang! – zur Quasi-Erfahrung des Gottesmysteriums in Ansatz bringt. Dabei steht das neuzeitliche Person-Verständnis, vor dem man in der Interpretation der Trinität warnen zu müssen glaubt, dem biblischen wieder überaus nahe. Gerade aber von daher bricht dann die Frage mächtig auf: Ist Gott zwar ein unendliches »Ich«, aber ohne wirkliches und ihm entsprechendes »Du«? Die Gefahr der unitaristischen Tendenz in der heutigen Theologie liegt darin, daß der biblische Monotheismus in die Sackgasse der »Monomanie« – was soll ein unendlich einsames »Ich« ohne vollentsprechendes »Du« als Gegenüber? (denn Welt und Mensch sind dies nicht!) – manövriert wird.

Ein weiterer vorbereitender alttestamentlicher Schritt auf die neubundliche Trinitätsbotschaft zu ist die Selbsterschließung Jahwes als der absoluten Lebensfülle. Nach Jer 10,10 (späterer Einschub) ist Jahwe ewiger Gott als *lebendiger* Gott. Seine »Lebendigkeit« ohnegleichen ist also hiernach der ermöglichende Grund für seine Ewigkeit. Bei Jahwe, dem »lebendigen Gott«, schwören darum alle Generationen Israels (vgl. Ri 8,18; 1 Sam 14,39 u. ö.) und erkennen damit seine Lebensfülle als Höchstes und Tiefstes seines Wesens an. In Am 6,8 und Jer 51,14 schwört sogar Jahwe selbst bei »seinem persönlichen Leben« *(nepheš)*. Dieses Leben ist so reich, daß es durch nichts gemindert werden kann, auch nicht durch die Sünde des Menschen (vgl. Ijob 7,20; 35,6); es ist zugleich so überreich, daß es auch durch nichts gemehrt zu werden vermag, weder durch des Menschen Gerechtigkeit (vgl. Ijob 35,6) noch durch seine Lauterkeit (Ijob 22,2) noch durch Fasten (vgl. Sach 7,5) noch durch irgendwelche Opfer und Leistungen des Menschen (vgl. Jes 1,11 ff; 40,16; Ps 50,12 f). Die Frage muß sich stellen: Was kann absolute »Lebensfülle« bedeuten, die gleichzeitig »ur-personal« sein muß? Entspricht ihr wahrhaft und wirklich ein unendlicher »Ozean« von Leben, der ein einziges und isoliertes »Ich« umkreist und umströmt?

Schließlich ist eine letzte alttestamentliche »vortrinitarische« Prämisse zu nennen: die »Personifikation« göttlicher Lebensäußerungen und Lebensmächte. Das gläubige »Nachdenken« über die Weisheit Gottes, welches sich vorgegebener Schrifttexte als Basis bediente, führt in Spr 8,22 ff zu einer Personifizierung bzw. »Hypostasierung« der göttlichen Weisheit. Dies ist ein bedeutsamer Vorgang, dem man mit der Annahme einer rein poetischen Erläuterung des Satzes »Jahwe ist urweise, bzw. die Quelle aller Weisheit« kaum genügend gerecht werden kann. In der Tat zeigt sich ja auch der Johannes-Prolog von Spr 8 her beeinflußt. Damit harmoniert, daß sich im Alten Testament ebenfalls das Phänomen einer Personifizierung des Wortes Gottes findet: in Ps 119,89 (»Ewig steht dein Wort im Himmel«; alle abweichenden Übersetzungen »verbösern« den Urtext!), in Jes 55,11; Ps 147,15 ff; Weish 18,14 ff. Auch der Gottesgeist erreicht gelegentlich einen personalen Rang (vgl. Hag 2,5; Neh 9,30; Jes 63,10; Weish 1,7). Diese »Personifikationen« bezeugen zumindest den Überreichtum der Lebensfülle Jahwes. Offenbarungsgeschichtlich gesehen, treffen wir hier auf erste tastende Vorgriffe auf die neubundliche Erschließung der »mehrpersonalen« Lebensfülle des einen Gottwesens.

2. *Neutestamentliche Zeugnisse*

Es ist Gesamtbekenntnis des Neuen Testaments, daß das radikal gelebte »Ja« des Menschen Jesus zu Gott und den Mitmenschen in das »Ja« des ewigen Sohnes zum Vater eingestiftet ist, ja daraus quillt und aus ihm lebt, d.h. aber, daß Jesus als der »Mensch der Menschen« zugleich der wesenhafte und ewige Gottessohn ist. Das »Daß« dieses Geheimnisses ist eine für das christliche Gottesverständnis fundamentale biblische Botschaft. Über sein näheres »Wie« ist erst in der frühen Kirche (wegen der mannigfachen Gefährdung dieses »Daß« in den auftretenden Häresien!) näher nachgedacht und um seine Klärung zugleich gerungen worden, bis schließlich das Konzil von Chalkedon (455 n. Chr.) folgende Formel dafür gefunden hat: in Jesus Christus sind zwei Naturen (die göttliche und die menschliche) »unvermischt« und »unzertrennlich« geeint in der einen Person des Logos (= des Sohnes). Das »Seinsgeheimnis« Jesu ist damit zwar nicht einfachhin durchsichtig gemacht, aber klarer in ein den biblischen Zeugnissen entsprechendes und zugleich sie beleuchtendes Licht gestellt worden.

Der Heilige Geist hat, wo im Neuen Testament vom ihm die Rede ist, zunächst keine besonderen personalen Konturen. Er erscheint da als wirksame und heiligende Kraft Gottes (häufig ohne Artikel gebraucht!), die mit Jesu Kommen in die Welt und seinem Wirken in der Welt in unlösbarer Verbindung steht. Diese Zugeordnetheit ist so eng, daß Paulus bald sagt: »gerechtfertigt in Christus« (Gal 2,17), bald »gerechtfertigt im Geiste« (1 Kor 6,11), bald »geheiligt in Christus« (1 Kor 1,2), bald »geheiligt im Heiligen Geist« (Röm 15,16), ja sogar formulieren kann: »Der Herr ist der Geist« (2 Kor 3,17). Der im Alten Testament und Neuen Testament zunächst als wirkmächtige Kraft Gottes gekennzeichnete »Geist« ist also zugleich die alle Heiligung bewirkende Lebensmacht des Christus (vgl. 1 Kor 15,45). Das »Pneuma« kann darum, wie Jesus selbst »Beistand« ist (1 Joh 2,1), der »andere Beistand« sein (Joh 14,16, vgl. 14,26; 15,26; 16,7). Der »Geist« spricht zu den Aposteln (Apg 8,29; 10,19; 11,12 u. a.) und sendet sie aus (13,4), ja setzt sogar die Leiter der Gemeinden ein (Apg 20,28). Diese »Personifizierung« tritt in Apg 15,28 in ein besonderes Profil: »Es hat dem Heiligen Geist und uns gefallen, euch weiter keine Last aufzuerlegen.« Auch bei Paulus ist an vielen Stellen eine auffallende Personifizierung des Pneumas vorgenommen, so z.B. in Gal 4,6: »Gott hat den Geist seines Sohnes in unsere Herzen gesandt, der da ruft: Abba, Vater!« (vgl. Röm 8,15). Er wohnt in uns Christen (1 Kor 3,16) wie Gott (1 Kor 14,25) oder Jesus Christus (vgl. Röm 8,10) in uns ist. Nach 1 Kor 2,10 »erforscht der Geist alles, sogar die Tiefen Gottes«. Diese Personifikationen können deswegen nicht einfachhin als dichterisches Ausdrucksmittel ausgelegt werden (wie etwa bei der Sünde, vgl. Röm 5,21 u.a., beim Fleisch, vgl. Röm 8,6f, oder beim Gesetz, vgl. Röm 7,7.22; Gal 3,24), weil sich bei Paulus auch Pneuma-Texte finden, die ein unabschleifbares personales Profil aufweisen. Bei der Wertung der Geistesgaben in 1 Kor 12,4–6 bezeugt der Apostel: »Es gibt Verschiedenheiten in den Gnadengaben, doch es ist derselbe *Geist*, und es gibt Verschiedenheiten in den Ämtern, doch es ist derselbe *Herr*, und es gibt Verschiedenheiten in den Wunderkräften, doch es ist derselbe *Gott*, der alles in allen wirkt.« Hier ist offensichtlich der Geist mit Gott (dem Vater) und dem Herrn (dem göttlichen Sohn) auf ein- und dieselbe Stufe gestellt. Alle drei werden als Bewirker der göttlichen Gnadengaben an die Gemeinde erwiesen und zugleich als die eine göttliche Quelle der Vielfältigkeit der Gaben gegenübergestellt. Der Briefschluß von 2 Kor gebraucht geradezu eine »trinitarische Formel« für Gott: »Die Gnade des Herrn Jesus Christus und die Liebe Gottes und die Gemeinschaft des Heiligen Geistes sei mit euch allen!« Diese aus der heutigen Liturgieeröffnung bekannte dreigliedrige Segensformel bezeichnet die großen göttlichen Heilsgüter »Gnade, Liebe, Einheit« als vom »Herrn«, »Gott« und »Geist« stammend. Der manchmal geäußerte Hinweis, liturgische Formulare oder stark rhetorisch kolorierte Formulierungen des heiligen Paulus stellten keine reflektierte Theologie dar, darf nicht zur Abwertung ihres Zeugnischarakters führen. In Liturgie und Paränese (Ermahnung) spiegeln sich in jedem Fall entschiedene Glaubensüberzeugungen, auch wenn sie noch nicht theoretisch durchgeklärt sind.

Das eindeutigste biblische Zeugnis für den trinitarischen Gottesglauben liefert Mt 28,19 mit seinem »Taufbefehl«: »Gehet hin und machet alle Völker zu Jüngern und taufet sie auf den Namen des Vaters und des Sohnes und des Heiligen Geistes!« Da die Jerusalemer Urgemeinde ziemlich sicher anfänglich die Taufe auf den Namen Jesu Christi spendete (vgl. Apg 2,38; 8,16; 10,48; 19,5; 1 Kor 1,13) und auf diese Weise den Täufling dem einen lebendigen und wahren Gott übereignete, wird die Taufformel von Mt 28,19 entweder aus einer anderen Tradition kommen oder einem späteren Stadium der Glaubenserkenntnis entsprechen, die aber noch in der biblischen Epoche Platz griff. Diese entfaltete Formel setzt überlieferungsgeschichtlich eine ältere Taufkatechese voraus, welche bereits im Galaterbrief ihr Echo fand, nämlich in 3,26f und 4,6: »Ihr alle seid Kinder Gottes durch den Glauben in Christus Jesus. Denn ihr alle, die ihr auf Christus getauft seid, habt Christus angezogen ... Weil ihr aber nun tatsächlich Kinder seid, hat Gott den Geist seines Sohnes in unsere Herzen gesandt, der da ruft: Abba, Vater!« Als eine weitere Prämisse von Mt 28,19 kann die Perikope der Taufe Jesu angesehen werden, wie sie sich schon bei Mk 1,9–11 findet (in der Substanz vormarkinisch!): »In jenen Tagen kam Jesus von Nazaret in Galiläa und ließ sich von Johannes taufen. Sobald er aus dem Wasser heraufstieg, sah er die Himmel sich zerreißen und den Geist wie eine Taube auf sich herabschweben. Und eine Stimme erscholl von den Himmeln: Du bist mein geliebter Sohn, an dir habe ich Wohlgefallen.« Hier wird deutlich eine »Dreiheit« (Vater, Sohn, Geist) angesprochen, auch wenn sie noch nicht das »trinitarische Niveau« erreicht, das den matthäischen Taufbefehl kennzeichnet.

Die nachbiblische begriffliche »Durchdringung« der Trinitätslehre (das *eine* Gottwesen in drei innergöttlichen, aber radikal aufeinander bezogenen Personen »gelebt«) steht, wie die Endstufe der neutestamentlichen Offenbarung zeigt, keineswegs auf »tönernen Füßen« und kann somit nicht als »verfremdende Hellenisierung der biblischen Botschaft« charakterisiert werden. Die vorab von den griechischen Vätern gelehrte und betonte »Perichorese«, d.h. das »Ineinandersein« von Vater, Sohn und Geist, wirkt einer verkappten »Dreigötterlehre« entgegen und trägt wesentlich dazu bei, den biblischen Monotheismus zu wahren, bewahrt ihn aber zugleich vor einer »monomanen« Auffassung des innergöttlichen Lebens. Eine nur heilsgeschichtliche »Trinität« (Selbstmitteilung Gottes in der Rolle als Vater, Sohn und Geist in Schöpfung und Geschichte hinein) ist ohne seinshafte Grundlegung in Gott selbst ein unlösbares Rätsel und nimmt zugleich die biblisch bezeugte Ich-Du-Bezogenheit von Vater und Sohn letztlich nicht ernst. Schöpfungs- und Heilsgeschichte ist, so läßt sich von der Endstufe der biblischen Offenbarung her folgern, zutiefst eine »Öffnung« des innertrinitarischen göttlichen »Lebensstromes« (Unendliches Erkennen und Erkanntwerden, Lieben und Geliebtwerden von »Du« zu »Du« zu »Du«), um Welt und Menschheit am Ende ganz in ihn hineinzunehmen, »damit Gott alles in allem (und in allen!) sei« (1 Kor 15,28).

DIE ANFECHTUNGEN DES GLAUBENS

Ein Christ, der von sich behauptet, nie und in keiner Hinsicht Glaubensschwierigkeiten gehabt zu haben, muß mit Recht eine skeptische Beurteilung der Reife und Tiefe seines Glauben in Kauf nehmen. Denn die Bibel selbst kennt in vielfacher Weise das Phänomen der Anfechtung des Glaubens. Dabei geht es allerdings nicht im entferntesten um die moderne Problematik von »Glauben und Wissen« (bzw. Theologie und Wissenschaft) oder die von der neueren Religionskritik (L. Feuerbach, K. Marx, F. Nietzsche, S. Freud u. a.) oder auch um die von der häufigen Absolutsetzung der historisch-kritischen Methode in der Bibelexegese ausgehende Verunsicherung des Glaubens. Es handelt sich in der Bibel vielmehr um die tiefer angesetzte und anzusetzende Differenz zwischen Glaube und menschlicher Welt- und Lebenserfahrung. Wenn der Grundakt des biblischen Glaubens sich so artikuliert und artikulieren muß: »Ich glaube Dir, dem lebendigen Gott, Deine engagierte Liebeszuwendung zu Welt und Mensch«, dann liegt es auf der Hand, daß die menschliche Erfahrungswelt in vielen Fällen radikal dagegen zu sprechen scheint oder sogar dagegen spricht.

Dies wird schon offenbar in der Gestalt *Abrahams,* »des Vaters aller Gläubigen«. Nach Gen 15,2 ist aus dem anfangs Gläubigen ein Zweifler geworden, der kühn seinen Gott fragt: »Mein Herr, was kannst du mir geben, da ich kinderlos dahingehe ...?« Gegen das Verheißungswort der zahlreichen Nachkommenschaft (Gen 12,2 u.a.) steht die Realität der schwer zu ertragenden Kinderlosigkeit. Erst die eindrucksam erneuerte Verheißung vermag Abraham über diesen »Graben« hinwegzuhelfen. Glauben bedarf also der besonderen Gnade Gottes, auch wenn des Menschen Mitwirkung mit ihr bzw. das Sich-Umfangen-Lassen von ihr zum gläubigen Sich-Festmachen in Gott erforderlich ist. Die »Glaubensprobe« von Gen 22 (Bereitschaft zur Opferung Isaaks) zeigt auf, daß Abrahams Glaube zuletzt unerschütterlich geworden ist und nun dem »Widerspruch der Realität«, ja sogar dem anscheinend offensichtlichen »Widerspruch Gottes gegen sich selbst« standhält.

Von Glaubenserschütterungen werden nicht einmal die *Propheten* verschont, wiewohl sie doch über den Glauben hinaus auch direkte »Jahweerfahrungen« haben. In für sie unabweislichen Widerfahrnissen wird der für die Allgemeinheit schweigende Gott für sie ein redender Jahwe. Doch als Menschen und Volksglieder kommen sie beim Ausrichten der göttlichen Botschaft, die oft und oft Unheil ansagt, in eine schwierige Situation. In ihrer schriftlichen Hinterlassenschaft gehen sie zumeist darüber mit Schweigen hinweg. Nur von *Jeremia* (von ca. 625 v.Chr. bis 585 wirkend) haben wir ausführliche Zeugnisse über ihre seelische Not. Er litt nicht nur unter den lebensgefährdenden Verfolgungen, denen er zeitweise – sogar von seiten seiner Verwandten – ausgesetzt war, sondern vorab unter der Isolierung, ja Ausgestoßenheit: er wurde weder als Gottesbote noch als Mensch akzeptiert. In seinen »Konfessionen« (12,1–5, Text 37; 15,10–21, Text 38; 20,14–18, Text 39) ist diese Leidenssituation überliefertes Wort geworden. Jeremia setzt zwar in 12,1 voraus, daß Jahwe letztlich »recht behalte«, aber er wagt doch die Frage an Gott: »Warum haben die Gottlosen Glück in ihrem Leben?« Der Lauf der Dinge und der Geschicke, wie sie Jeremia erfährt, wird hier zur Instanz gegen den Glauben an den Gott der engagierten Zuwendung. Die Zukehr des Propheten zu Jahwe bringt ihm nur Unheil, während seine Gegner in ihrer Abwendung von Gott anscheinend ein großes Glücken einheimsen. Jahwe gibt dem Propheten keine das Rätsel lösende Antwort, sondern verweist ihn auf noch kommendes Schlimmeres, dem er einfachhin standhalten müsse (12,5). Jeremia versucht dies offensichtlich, doch er gerät durch die Verschlimmerung seiner Lage an den Rand der Verzweiflung. Er wünscht in 15,1, nicht geboren zu sein, und beendet seine lange Klage in dem erschütternden Wort: »Warum bohrt mein Schmerz ohne Unterlaß? Warum ist meine Wunde hoffnungslos, will nicht heilen? Wie ein Trugbach bist du mir geworden, ein unzuverlässiges Wasser.« Jahwe ein Wadi zu nennen, das Wasser verheißt, aber keines spendet, ist eine unerhörte Anklage, singulär in der ganzen Bibel. Gott jedoch verwirft seinen Ankläger nicht, sondern fordert ihn nur zur Umkehr auf, um ihn aufs neue zu berufen. Er gibt ihm allerdings eine Beistandsverheißung, die auch durch ihre Bildkräftigkeit den Propheten zu kräftigen vermag (12,20f). Doch wird ihm nach einer weiteren Wegstrecke das Hohnlachen seiner Gegner so unerträglich, daß er Jahwe mit geradezu lästerlichen Worten einen »Betörer« und »Verführer« nennt, der als der Übermächtige ihm als schwachem Menschen Gewalt angetan habe (20.7). Er versucht darum, »nicht mehr im Namen Jahwes zu sprechen« (12,9), also seine Berufung zu verleugnen, doch er spürt ein Feuer in seinem Innern, dem er nachgeben muß. Neuer Beistand wird ihm zuteil, aber keine Befreiung von der inneren Qual. So kommt er schließlich zu der fürchterlichen Verfluchung seiner Geburt in 20,14–18. Auf diesen Text folgt in der Jeremia-Überlieferung keine Antwort Gottes. Wir wissen nur, daß der Prophet weiterhin seinen Dienst tat in Treue zu seinem für ihn schwer begreiflichen Gott.

Im gelegentlich großen Zwiespalt von Glaube und Erfahrungswelt ist auch das nicht nur zum Alten Testament gehörige, sondern zur Weltliteratur zählende Buch *Ijob* angesiedelt. Wiederum geht es hierin nicht um Gottes Dasein als solches – dies hat selbst der große Skeptiker *Kohelet* (»Prediger«) in keiner Hinsicht in Frage gestellt –, sondern um das unbegreiflich scheinende Walten Jahwes. Ijob hält an seiner Gottesüberzeugung leidenschaftlich fest, aber er geht im Hauptteil des Buches ebenso leidenschaftlich gegen den souverän in Welt und Leben waltenden Gott an, weil er hier nur noch rätselhafte Willkür statt »Bundesgerechtigkeit« am Werke sieht. In der prosaischen Rahmenerzählung des Buches (1,1 – 2,13 und 42,7–17) sagt Ijob noch bei der ersten Glaubensprobe (Verlust der Kinder): »Jahwe gab, Jahwe nahm, Jahwes Name sei gepriesen!« (1,21), und bei der zweiten verweist er seiner Frau die Anwürfe gegen Gott mit dem Wort: »Wenn wir das Gute von Gott annehmen, warum nicht auch das Böse?« (2,10). Doch als seine Freunde, die ihn trösten wollen, sein Erleiden in zumindest fahrlässigen Sünden verwurzelt sehen (weil der Allmächtige als Gerechter nicht Unschuldige in solche Not stürzen könne!), wird Ijob im Dialog mit ihnen nicht nur zum wortreich Klagenden vor Gott und den Menschen, sondern auch zum Ankläger Gottes, ja er versucht, Gott vor das Tribunal seines rebellierenden Herzens zu stellen und abzuurteilen. Freilich schwenkt er bei letzterem immer wieder auf die Linie ein, den »realen Gott« beim »idealen Gott« zu verklagen. Er schließt seine Streitreden mit dem provokativen Ausspruch: »Dies ist mein letztes Wort; jetzt gebe Antwort mir, Schaddai (»Allgewaltiger)!« (31,35).

Ijob erhält auch Antwort. In 38,1 ff tritt Gott aus seinem Schweigen heraus und redet. Die zwei folgenden Gottesreden (38,1 – 42,6) enttäuschen viele Leser, nur Ijob nicht, der aus ihrem Anhören als ein anderer hervorgeht.

Warum haben sie diese Wirkung auf Ijob? Zunächst erfährt er Gott als JAHWEH (vgl. 38,1; 40,1.6; 42,1), d.h. als einen Gott, der sich als Anwesender und Naher im Reden ihm zuwendet, auch wenn er ihn zur Rede stellt; er gibt Ijob aber damit zugleich die Chance neuen Antwortens. In diesem Reden stellt Jahwe dem Ijob, der ihn vorher mit Fragen überschüttet hat, selbst Fragen von großer Eindringlichkeit. Sie bringen Jahwes absolute Souveränität ins Spiel, die an den großen Schöpfungsgeheimnissen erläutert wird. Jetzt vermag Ijob ein Doppeltes zu erkennen (vgl. 40,4; 42,1 ff):

1. Jahwe ist schon als Schöpfer so übergroß und souverän, frei und lebendig, daß sich der kleine Mensch kein fixiertes Bild von ihm machen und ihn erst recht nicht mit an diesem Bilde genommenen Massen messen und beurteilen darf. Das hieße, sein zu wollen »wie Gott« (Gen 3,5).

2. Jahwe kann überzeugend bezeugen, daß er dem Ganzen seiner Schöpfung in all ihren Bereichen heilswillig zugewendet ist. Dies wird nicht zuletzt in der Übermächtigung der mythischen Chaoswesen »Behemot« (40,15–24) und »Leviathan« (40,25 – 41,26) (diese Ungeheuer sind hier Chiffren für die Mächte des Bösen in Schöpfung und Geschichte!) offenbar.

Diese Erkenntnis, hervorgegangen aus der Erfahrung des sich ihm offenbarenden Gottes, bringt Ijob dazu, noch mitten im Leiden zu bekennen: »Ich leiste Widerruf und bereue auf Staub und Asche« (42,6). Im Epilog (42,7 ff) wird dieser Ijob, der nicht sein Klagen – Klagen und Preisen sind menschliche Grundakte vor Jahwe! –, wohl aber seine rebellische Anklage und Verurteilung Gottes zurückgenommen hat, als gerechtfertigt angenommen. Seine »Freunde« aber, die sich zu theologischen Advokaten Gottes aufgeschwungen hatten, werden verurteilt. Denn sie haben das göttliche Walten in ein starres Vergeltungsdogma (»Tugend bringt immer Segen, Sünde bringt immer

Unglück«) dergestalt einzuschließen versucht, daß man aus dem Glück eines Menschen auf Tugend schließen könne und aus seinem Unglück auf Sünde.

Das Buch Ijob ist ein Lehr- und Lebensbuch zugleich, und zwar für das »alte« und für das »neue« Israel. Seine fundamentale Botschaft lautet: In allen Lebenslagen Gott Gott sein lassen, und im gläubigen Vertrauen auf sein allerletztes Wort, das nur er selbst zu sprechen vermag und sprechen wird, sich ihm anheimgeben. Dies geschieht in der Bibel nicht einfachhin im demutsvollen Schweigen wie in jener indischen Mönchslegende, die folgendes erzählt: »Drei Mönche hatten nur je ein einziges Gewand. Sie wuschen es jeden Morgen am Meer und warfen es dann in den Wind, in dem es stehen blieb und schnell trocknete. Da kam eines morgens ein Fischadler und schnappte sich einen Fisch. Der eine Mönch rief: Du böser Adler!, da fiel sein Gewand aus dem Wind. Der zweite rief: Du armer Fisch!, da fiel auch sein Gewand zur Erde. Der dritte aber schaute und schwieg, und sein Gewand blieb im Winde stehen.« Dies ist eine großartige, für uns Abendländer geradezu exemplarische Geschichte. Und doch ist der Gott der Bibel letztlich anders: ihm darf und soll der Mensch klagen. Selbst Jesus hat der synoptischen Passionsgeschichte gemäß als Sterbegebet den 22. Psalm gesprochen, der mit der Klage beginnt: »Mein Gott, mein Gott, warum hast du mich verlassen?« (Mk 15,24). Hebr 5,7 greift darauf zurück mit dem Wort: »Er hat in den Tagen seines Fleisches Bitten und Flehrufe mit lautem Geschrei und unter Tränen an den gerichtet, der ihn vom Tode erretten konnte.« Der 22. Psalm aber geht in seinem zweiten Teil in einen Lobpreis über, den Jesus am Kreuze gewiß auch nachgesprochen hat. Beides, Flehen und Preisen, sind Grundäußerungen der biblischen Menschen. Wir wissen aus Zeugenaussagen, daß die Opfer von Auschwitz bzw. des »Holocaust« zu einem großen Teil (es gab auch solche, welche den Rat von Ijobs Weib befolgten: »Fluche Gott und stirb!« Ijob 2,10) verfuhren wie Jesus am Kreuze. Um ihretwillen sollten die, welche solch äußerstes Leid nicht erfuhren, zurückhaltender sein mit ihrer so oft dekretierten Parole: »Nach Auschwitz kann man nicht mehr beten!« Eine Reihe gläubiger Juden weigert sich mit Recht, für »Holocaust« den Sündenbock in Gott zu suchen. Sie finden ihn zuallererst in den gottlosen Menschen, die ihre gottgeschenkte Freiheit in einer absoluten »Emanzipation« von Gott zum Ausdenken und Ausführen solcher Untaten pervertieren. Diese Epoche ist noch für lange nicht einfachhin Vergangenheit. Denn das denkwürdige Wort von Franz Werfel (gest. 1945) gilt noch immer: »Der veruntreute Himmel ist der große Fehlbetrag unserer Zeit. Seinetwegen kann die Rechnung nicht in Ordnung kommen, weder in der Politik noch auch in der Wirtschaft; denn alles Menschliche entspringt derselben Quelle. Eine konsequente gottlose Welt ist wie ein Bild ohne Perspektive. Ein Bild ohne Perspektive ist die Flachheit an sich. Ohne sie ist alles sinnlos. In der totalen Sinnlosigkeit sind aber auch unsere natürlichen Menschenrechte sinnlos, selbst das Recht, nicht getötet zu werden« (Der veruntreute Himmel, Fischer-TB 5053, S. 279).

Daß biblische Menschen von Rang die Anfechtungen des Glaubens in dieser unserer Welt kennen, ist mit ein Plädoyer für den Realitätssinn und die Wahrhaftigkeit der Bibel und zugleich ein Grund für alle noch Gläubigen, getrost zu sein. Der Glaube ist – wie der Mensch selbst – ein Unterwegssein. Es gilt dabei, sich immer wieder einerseits *des Grundaktes des Glaubens zu versichern* und andererseits mit dem Apostel Paulus zu bekennen: »Jetzt schauen wir in einen Spiegel und sehen nur rätselhafte Umrisse, dann aber schauen wir von Angesicht zu Angesicht. Jetzt ist mein Erkennen Stückwerk, dann aber werde ich durch und durch erkennen, so wie auch ich durch und durch erkannt worden bin« (1 Kor 13,12). Selbst von den Eltern Jesu heißt es in Lk 2,50: »Sie verstanden das Wort nicht, das er (Jesus) zu ihnen sprach.« Doch wird dann über Maria, die Mutter Jesu, etwas für alle Generationen der Glaubenden Exemplarisches hinzugefügt: »Sie bewahrte alle diese Worte (und Begebenheiten) in ihrem Herzen« (Lk 2,52). Das im Augenblick Unbegreifliche kann von einem gläubigen Herzen in der Unergründlichkeit Gottes geborgen werden, bis ER »in Person« die Rätsel der Welt und sogar sich selbst ins Licht hinein entbergen wird.

DIE HEILIGE SCHRIFT
ÜBER
DEN GLAUBEN

1
DER GLAUBE ABRAHAMS

Nach diesen Ereignissen erging in einem Gesicht das Wort Jahwes an Abram:

»Fürchte dich nicht, Abram! Ich bin dein Schild; dein Lohn soll sehr groß sein.«
Da sprach Abram: »Mein Herr, Jahwe, was kannst du mir geben, da ich kinderlos dahingehe ...« Und Abram sprach: »Siehe, du hast mir keinen Nachkommen gegeben; so wird nun mein leibeigener Knecht mein Erbe sein.« Da erging das Wort Jahwes an ihn: »Nicht dieser wird dein Erbe sein, sondern der deinem Leibe entstammt, der wird dein Erbe sein.« Und er führte ihn hinaus und sprach: »Schaue hinauf zum Himmel und zähle die Sterne, wenn du sie zählen kannst!« Dann sagte er zu ihm: »So wird deine Nachkommenschaft sein.« Er glaubte Jahwe, und der rechnete es ihm zur Gerechtigkeit an.

Genesis 15, 1–6

2
DER GLAUBE ALS DAS GEBOT DER GESCHICHTLICHEN STUNDE

Zur Zeit, da Achas, der Sohn Jotams, des Sohnes Usijas, König von Juda war, zogen Razon, der König von Aram, und Pekach, der Sohn Remaljahus, der König von Israel, gegen Jerusalem, um es zu belagern, konnten es aber nicht einnehmen.

Als dem Hause Davids gemeldet wurde: »Aram hat sich in Ephraim gelagert«, da erbebte sein Herz und das Herz seines Volkes, wie die Bäume des Waldes vor dem Sturm erbeben. Da sprach Jahwe zu Jesaja: »Geh hinaus zu Achas, du und dein Sohn Schear-Jaschub, an das Ende der Wasserleitung des oberen Teiches, auf den Weg am Walkerfeld und sprich zu ihm:

Hüte dich, bewahre die Ruhe und sei ohne Furcht! Dein Herz verzage nicht wegen dieser beiden rauchenden Brennholzstummel, weil Aram, Ephraim und der Sohn des Remaljahu dein Verderben beschlossen haben und sagen: Laßt uns gegen Juda ziehen, es schrecken und für uns erobern und dann den Sohn Tabeels zum König machen! So spricht Jahwe: Das wird nicht bestehen und wird nicht sein. Damaskus ist Arams Hauptstadt und Razon das Haupt von Damaskus; Samaria ist Ephraims Hauptstadt und der Sohn Remaljahus das Haupt Samarias. Noch sechs oder fünf Jahre, und Ephraim, zerschlagen, hört auf, ein Volk zu sein. Aber wenn ihr euch nicht an mich haltet, werdet ihr keinen Halt haben.«

Jesaja 7, 1–9

3

GLÄUBIGES VERTRAUEN AUF JAHWE, NICHT AUF GROSSMÄCHTE!

Wehe denen, die der Hilfe wegen nach Ägypten hinabziehen, die auf Kriegsrosse ihre Hoffnung setzen und vertrauen auf die Menge der Streitwagen und auf die große Schar der Reiter! Aber auf den Heiligen Israels schauen sie nicht und fragen nicht nach Jahwe.

Und doch ist auch er weise. Er führt das Unheil herbei und nimmt sein Wort nicht zurück; er steht auf gegen das Haus der Frevler und gegen die Hilfe der Übeltäter.

Die Ägypter sind nur Menschen und nicht Gott, ihre Rosse sind Fleisch und nicht Geist. Wenn Jahwe seine Hand ausstreckt, so stürzt der Helfer und fällt, dem er helfen will; so kommen alle miteinander um.

Jesaja 31, 1–3

4

GOTT IST MIT UNS

[Dem Chormeister; von den Söhnen Korachs, nach »Jungfrauen«, ein Lied.]

Gott ist uns Zuflucht und Kraft,/ herrlich erwiesen als Helfer in der Bedrängnis.

So bangen wir nicht, ob auch die Erde erbebt,/ ob die Berge fallen mitten ins Meer:

Ob seine Wasser brausen und schäumen, / vor seinem Ungestüm erzittern die Berge:

[Mit uns ist Jahwe Zebaot,/ Jakobs Gott ist unsere Burg.]

Des Stromes Arme erfreuen die Gottesstadt,/ er heiligt die Wohnung des Höchsten.

Sie wanket nicht, in ihrer Mitte ist Gott;/ schon in der Morgenfrühe wird Gott sie beschützen.

Die Völker toben, es wurden erschüttert die Reiche,/ donnernd ertönte sein Ruf, daß die Erde verging in Schrecken.

Mit uns ist Jahwe Zebaot,/ Jakobs Gott ist unsere Burg.

Kommt und schauet die Werke Jahwes!/ Er verbreitet Entsetzen auf Erden.

Dem Krieg gebietet er Einhalt bis an die Enden der Erde,/ zerbricht die Bogen, zerspellt die Speere, / die Schilde verbrennt er im Feuer.

Laßt ab und erkennt: Ich bin Gott!/ Erhaben über die Völker, erhaben auf Erden.

Mit uns ist Jahwe Zebaot,/ Jakobs Gott ist unsere Burg.

Psalm 46

5
DIE URSÜNDE DES UNGLAUBENS

Die Schlange war listiger als alle Tiere des Feldes, die Jahwe Gott gemacht hatte. Sie sprach zur Frau: »Hat Gott wirklich gesagt: Ihr dürft nicht von allen Bäumen des Gartens essen?« Die Frau antwortete der Schlange: »Von den Früchten der Bäume des Gartens dürfen wir essen. Nur von den Früchten des Baumes, der mitten im Garten steht, hat Gott gesagt: Ihr sollt nicht davon essen und nicht daran rühren, damit ihr nicht sterbet.« Darauf sprach die Schlange zur Frau: »Keineswegs, ihr werdet nicht sterben. Vielmehr weiß Gott, daß an dem Tage, da ihr davon esset, euch die Augen aufgehen und ihr sein werdet wie Götter, die Gutes und Böses erkennen.« Die Frau sah, daß der Baum gut zu essen wäre und lieblich anzusehen und begehrenswert, um Einsicht zu gewinnen. Und sie nahm von seiner Frucht und aß und gab davon auch ihrem Manne, der bei ihr war, und er aß. Nun gingen beiden die Augen auf, und sie erkannten, daß sie nackt waren. Deshalb flochten sie Feigenblätter zusammen und machten sich Schurze.

Genesis 3, 1–7

6
DIE RECHTFERTIGUNG DURCH DEN GLAUBEN

O ihr unverständigen Galater! Wer hat euch behext? Euch, vor deren Augen doch Jesus Christus als Gekreuzigter hingestellt wurde! Das eine möchte ich von euch wissen: Empfinget ihr den Geist aus Gesetzeswerken oder aus Glaubensgehorsam? Seid ihr wirklich so unverständig? Habt im Geist begonnen und wollt num im Fleisch enden? So Großes habt ihr umsonst erfahren? Ja wirklich: umsonst! Also – der euch den Geist darreicht und Wunder unter euch wirkt, tut es auf Grund von Gesetzeswerken oder auf Grund von Glaubensgehorsam?

So »hat auch Abraham Gott geglaubt, und es wurde ihm zur Gerechtigkeit angerechnet«. Versteht also: die aus dem Glauben, die sind Söhne Abrahams. Indem nun die Schrift voraussah, daß Gott die Heiden aus dem Glauben heraus rechtfertige, verkündigte sie dem Abraham das Evangelium im voraus: »In dir sollen alle Heiden gesegnet sein.« Daher werden mit dem gläubigen Abraham die aus dem Glauben gesegnet werden.

Denn alle, die in Gesetzeswerken aufgehen, stehen unter Fluch; steht doch geschrieben: »Verflucht ist jeder, der nicht beharrlich alles tut, was im Buche des Gesetzes geschrieben steht.« Daß aber durch das Gesetz niemand bei Gott gerechtfertigt wird, ist daraus ersichtlich, daß es heißt: »Der Gerechte wird aus dem Glauben leben.« Das Gesetz hingegen stammt nicht aus dem Glauben, heißt es doch: »Wer dieses tut, wird daraus leben.« Christus hat uns von dem Fluche des Gesetzes losgekauft, indem er für uns zum Fluche ward; steht doch geschrieben: »Verflucht ist jeder, der am Holze hängt.« So sollte zu den Heiden der

Segen Abrahams kommen, in Christus Jesus, so sollten wir die Verheißung des Geistes durch den Glauben empfangen.

Galater 3, 1–14

7
GOTTES GERECHTIGKEIT UND DER GLAUBE ABRAHAMS

Jetzt aber ist unabhängig vom Gesetz Gottes Gerechtigkeit, die vom Gesetz und von den Propheten bezeugt wird, offenbar geworden. Gottes Gerechtigkeit aber aus dem Glauben an Jesus Christus für alle Glaubenden; es gibt ja keinen Unterschied. Denn alle haben gesündigt und ermangeln der Herrlichkeit Gottes. Sie werden nun durch seine Gnade auf Grund der Erlösung in Christus Jesus geschenkweise gerechtfertigt. Ihn hat Gott als Sühnmal hingestellt durch den Glauben in seinem eigenen Blut, um seine Gerechtigkeit zu erweisen. Die früher begangenen Sünden ließ er hingehen in der Zeit der Geduld Gottes, weil er seine Gerechtigkeit erweisen wollte in der jetzigen Zeit, auf daß er selbst gerecht ist und den gerecht mache, der aus dem Glauben an Jesus ist.

Wo bleibt nun das Rühmen? Es ist ausgeschlossen. Durch welches Gesetz? Etwa durch das der Werke? Nein, durch das Gesetz des Glaubens. Denn wir sind überzeugt, daß der Mensch durch den Glauben ohne Gesetzeswerke gerechtfertigt wird. Oder ist Gott etwa nur Gott der Juden und nicht auch der Heiden? Gewiß auch der Heiden. Es ist ja nur der eine Gott, der rechtfertigt: die beschnittenen Juden auf Grund des Glaubens und die unbeschnittenen Heiden durch den Glauben. Heben wir durch den Glauben die Bedeutung des Gesetzes auf? Keineswegs! Wir bringen das Gesetz zur Geltung.

Was werden wir nun von Abraham, unserem Stammvater dem Fleische nach, sagen? Wenn nämlich Abraham auf Grund von Werken gerechtfertigt wurde, dann hatte er Anlaß, sich zu rühmen, aber nicht vor Gott. Denn was sagt die Schrift? »Abraham glaubte Gott, und es wurde ihm zur

Gerechtigkeit angerechnet.« Wer aber Werke tut, dem wird der Lohn nicht aus Gnade angerechnet, sondern nach Schuldigkeit ausgezahlt. Wer aber keine Werke tut, sondern nur an den glaubt, der den Gottlosen gerecht macht, dem wird sein Glaube zur Gerechtigkeit angerechnet. So spricht auch David die Seligpreisung über den Menschen aus, dem Gott Gerechtigkeit ohne Werke anrechnet:

»Selig, deren Missetaten vergeben und deren Sünden zugedeckt sind;

selig, dem der Herr die Sünde nicht zurechnet!«

Gilt diese Seligpreisung nur den Beschnittenen oder auch den Unbeschnittenen? Denn wir sagen ja: Abraham wurde der Glaube zur Gerechtigkeit angerechnet. Unter welchen Umständen wurde er angerechnet? Als er schon beschnitten war oder als er noch unbeschnitten war? Nicht als er schon beschnitten war, sondern als er noch unbeschnitten war. Er empfing das Zeichen der Beschneidung als Siegel der Glaubensgerechtigkeit, die ihm im Zustand der Unbeschnittenheit zuteil geworden war. Er sollte so der Vater aller werden, die als Unbeschnittene glauben, auf daß auch ihnen die Gerechtigkeit angerechnet würde, und zugleich der Vater der Beschnittenen, die nicht bloß beschnitten sind, sondern auch in den Fußstapfen des Glaubens wandeln, den unser Vater Abraham schon als Unbeschnittener bewiesen hat.

Denn nicht auf Grund des Gesetzes wurde Abraham oder seinem Samen die Verheißung, daß er Erbe der Welt sein sollte, sondern auf Grund der Glaubensgerechtigkeit. Wenn nämlich nur die Inhaber des Gesetzes Erben wären, dann hätte der Glaube seinen Wert eingebüßt, und die Verheißung wäre hinfällig geworden. Bewirkt doch das Gesetz Zorn; wo aber kein Gesetz ist, da gibt es auch keine Übertretung. Deshalb geschah es auf Grund des Glaubens, damit es aus Gnade geschehe, auf daß die Verheißung allen Nachkommen gesichert sei, nicht nur denen aus dem Gesetz, sondern denen aus dem Glauben Abrahams, der ja der Vater aller ist – wie geschrieben steht: »Zum Vater vieler Völker habe ich dich bestellt« – vor dem Gott, dem er glaubte, der die Toten lebendig macht und das Nichtseiende ins Dasein ruft.

Er hat gegen alle Hoffnung hoffend geglaubt, daß er der Vater vieler Völker werde, nach dem Wort: »So wird dein Same sein.« Ohne im Glauben schwach zu werden, betrachtet er seinen schon erstorbenen Leib – er war nahezu hundert Jahre alt – und auch den erstorbenen Mutterschoß Saras. Er zweifelte nicht ungläubig an der Verheißung Gottes, sondern erwies sich stark im Glauben, indem er Gott die Ehre gab und vollkommen überzeugt war, daß der, der die Verheißung gab, auch die Macht hat, sie zu erfüllen. Darum wurde es ihm auch zur Gerechtigkeit angerechnet.

Aber nicht nur seinetwegen steht es geschrieben: »Es wurde ihm angerechnet«, sondern auch unsertwillen, denen es angerechnet werden soll, die wir an den glauben, der unsern Herrn Jesus von den Toten auferweckt hat, der um unserer Übertretungen willen hingeopfert und zu unserer Rechtfertigung auferweckt wurde.

Römer 3,21 – 4,25

8
DER GLAUBE AN JESUS ALS »HEILAND«

Und als sie (sc. Jesus, Petrus, Jakobus und Johannes) zu den Jüngern kamen, sahen sie viel Volk um sie herum und Schriftgelehrte, die mit ihnen stritten. Und sobald sie ihn erblickten, ergriff das ganze Volk große Erregung, und sie liefen herbei und begrüßten ihn. Er fragte sie: »Worüber streitet ihr miteinander?« Da antwortete ihm einer aus dem Volk: »Meister, ich habe meinen Sohn zu dir gebracht, der von einem stummen Geist besessen ist. Und wenn der ihn packt, reißt er ihn hin und her, so daß er schäumt und mit den Zähnen knirscht und ganz starr wird. Ich sagte deinen Jüngern, sie möchten ihn austreiben, aber sie vermochten es nicht.« Da erwiderte er ihnen: »O ungläubiges Geschlecht! Wie lange soll ich noch bei euch sein? Wie lange noch euch ertragen? Bringt ihn her zu mir!« Und sie brachten ihn zu ihm. Sobald aber der Geist ihn erblickte, riß und zerrte er ihn hin und her, so daß er zu Boden stürzte und sich schäumend herumwälzte. Und er fragte seinen Vater: »Wie lange schon widerfährt ihm das?« Der antwortete: »Von Kindheit an. Oft hat er ihn sogar schon ins Feuer und ins Wasser geworfen, um ihn umzubringen. Aber wenn du etwas vermagst, so hab Erbarmen mit uns und hilf uns.« Jesus aber sprach zu ihm: »Wenn du etwas vermagst? Alles ist dem möglich, der glaubt.« Sofort rief der Vater des Knaben laut: »Ich glaube; hilf meinem Unglauben!« Als Jesus sah, daß das Volk zusammenlief, herrschte er den unreinen Geist an mit den Worten: »Du stummer und tauber Geist, ich befehle dir, fahre aus von ihm und kehre nie mehr in ihn zurück.« Da schrie er auf, zerrte ihn heftig hin und her und fuhr aus. Und (der Knabe) war wie tot, so daß die meisten sagten: »Er ist gestorben.« Jesus aber ergriff ihn bei der

Hand und richtete ihn auf ; und er stand auf. Als er hierauf nach Hause gegangen war, fragten ihn seine Jünger, während sie mit ihm allein waren: »Warum konnten wir ihn nicht austreiben?« Da sprach er zu ihnen: »Diese Art kann nur durch Gebet ausgetrieben werden.«

Markus 9, 14–29

9

DER GLAUBE DES KÖNIGLICHEN BEAMTEN

Nach den zwei Tagen begab er sich von dort weg nach Galiläa. Jesus hat nämlich selbst bezeugt, daß ein Prophet in seinem eigenen Vaterlande keine Ehre genießt. Als er nun nach Galiläa kam, nahmen ihn die Galiläer auf, da sie alles gesehen hatten, was er in Jerusalem während des Festes getan hatte. Denn sie waren auch zu dem Fest gegangen.

Er kam nun wiederum nach Kana in Galiläa, wo er das Wasser zu Wein gemacht hatte. Nun war da in Kapharnaum ein königlicher Beamter, dessen Sohn krank lag. Als dieser hörte, daß Jesus von Judäa nach Galiläa gekommen sei, begab er sich zu ihm und bat ihn, er möge hinabkommen und seinen Sohn heilen, der im Sterben lag. Da spricht Jesus zu ihm: »Wenn ihr nicht Zeichen und Wunder seht, so glaubt ihr nicht.«

Der königliche Beamte sagt ihm: »Herr, komm herab, bevor mein Kind stirbt.« Jesus sagt zu ihm: »Geh (nur), dein Sohn lebt.« Der Mann glaubte dem Wort, das Jesus zu ihm gesprochen hatte, und ging. Während er noch unterwegs war, kamen ihm bereits seine Diener entgegen mit der Meldung, daß sein Sohn lebe. Da erkundigte er sich bei ihnen nach der Stunde, in der die Besserung eintrat. Sie antworteten ihm: »Gestern um die siebte Stunde verließ ihn das Fieber.« Nun erkannte der Vater, daß es in eben dieser Stunde war, in der Jesus zu ihm gesagt hatte: »Dein Sohn lebt.« Und er wurde gläubig mit seinem ganzen Hause.

Das wiederum wirkte Jesus als zweites Zeichen, als er aus Judäa nach Galiläa kam.

Johannes 4,43–54

10
DAS WIRKEN DES SOHNES UND DER GLAUBE AN DEN VATER

Da antwortete Jesus und sagte zu ihnen:

»Wahrlich, wahrlich, ich sage auch: Der Sohn kann von sich aus nichts tun, außer was er den Vater tun sieht. Denn was jener tut, das tut der Sohn in gleicher Weise. Denn der Vater liebt den Sohn und zeigt ihm alles, was er selbst tut. Und er wird ihm noch größere Werke als diese zeigen, so daß ihr euch wundern werdet. Denn wie der Vater die Toten erweckt und lebendig macht, so macht auch der Sohn lebendig, die er will. Der Vater richtet ja auch niemand, sondern er hat alles Gericht dem Sohn übergeben, damit alle den Sohn ehren, so wie sie den Vater ehren. Wer den Sohn nicht ehrt, ehrt auch den Vater nicht, der ihn gesandt hat. Wahrlich, wahrlich, ich sage euch: Wer mein Wort hört und dem glaubt, der mich gesandt hat, der hat ewiges Leben und kommt nicht ins Gericht, sondern ist aus dem Tode ins Leben hinübergegangen. Wahrlich, wahrlich, ich sage euch: Es kommt die Stunde, und sie ist jetzt da, wo die Toten die Stimme des Sohnes Gottes hören werden; und die sie hören, werden leben. Denn wie der Vater Leben in sich selbst hat, so hat er auch dem Sohne gegeben, Leben in sich selbst zu haben, und er gab ihm Vollmacht, Gericht zu halten, weil er der Menschensohn ist. Wundert euch nicht darüber. Denn es kommt die Stunde, da alle in den Gräbern seine Stimme hören werden; und herauskommen werden die, die das Gute getan haben, zur Auferstehung zum Leben, und die, die das Böse verübt haben, zur Auferstehung zum Gericht. Ich kann nichts aus mir selbst tun. Wie ich höre, richte ich, und mein Gericht ist gerecht. Denn ich suche nicht meinen Willen, sondern den Willen dessen, der mich gesandt hat.

Wenn ich für mich selbst Zeugnis ablege, so ist mein

Zeugnis nicht wahr. Ein anderer ist es, der Zeugnis für mich ablegt, und ich weiß, daß das Zeugnis, das er von mir gibt, wahr ist. Ihr habt zu Johannes geschickt, und er hat für die Wahrheit Zeugnis abgelegt. Ich aber nehme von einem Menschen kein Zeugnis an, sondern sage dies (nur), damit ihr gerettet werdet. Jener war die Lampe, die brennt und leuchtet. Ihr aber wolltet euch für den Augenblick an ihrem Licht ergötzen. Ich aber habe ein größeres Zeugnis als das des Johannes; denn die Werke, die mir der Vater zu vollbringen gegeben hat, eben diese Werke, die ich tue, legen Zeugnis für mich ab, daß der Vater mich gesandt hat. Und der Vater, der mich gesandt hat, er legt Zeugnis für mich ab. Ihr habt weder seine Stimme jemals gehört noch sein Angesicht gesehen, und sein Wort wohnt nicht in euch, weil ihr dem, den jener gesandt hat, nicht glaubt.

Johannes 5, 19–38

11
GLAUBE UND LIEBE

Zur Freiheit hat Christus uns befreit; so steht denn fest und laßt euch nicht wieder in das Joch der Knechtschaft spannen. Seht, ich, Paulus, sage euch: Wenn ihr euch beschneiden laßt, wird Christus euch nichts nützen. Ich versichere noch einmal jedem Menschen, der sich beschneiden läßt: er ist verpflichtet, das ganze Gesetz zu halten. Geschieden seid ihr von Christus, die ihr durch das Gesetz gerecht werden wollt, aus der Gnade seid ihr herausgefallen. Denn wir erwarten im Geiste auf Grund des Glaubens die Hoffnung der Gerechtigkeit. In Christus Jesus hat nämlich weder die Beschneidung noch das Unbeschnittensein irgendwelche Kraft, sondern der Glaube, der durch die Liebe wirksam ist.

...

Gewiß, zur Freiheit seid ihr berufen, Brüder! Nur macht die Freiheit nicht zum Stützpunkt des Fleischestriebes, dient vielmehr einander in Liebe. Denn das ganze Gesetz ist in dem einen Wort erfüllt, nämlich: »Du sollst deinen Nächsten lieben wie dich selbst.« Wenn ihr euch freilich einander beißt und freßt, dann seht zu, daß ihr nicht voneinander aufgefressen werdet.

Also ich sage: Wandelt im Geiste, dann werdet ihr das Begehren des Fleisches nicht befriedigen. Denn das Fleisch begehrt wider den Geist und der Geist wider das Fleisch; beide liegen im Streit miteinander, damit ihr nicht das tut, was ihr eigentlich wollt. Laßt ihr euch aber vom Geiste leiten, so steht ihr nicht unter einem Gesetze. Offenkundig sind die Werke des Fleisches, nämlich Unzucht, Unlauterkeit, Ausschweifung, Götzendienst, Zauberei, Feindschaft, Zank, Eifersucht, Zorn, Hader, Zwistigkeiten, Parteiungen, Neid, [Mord], Trunkenheit, Schlemmerei und dergleichen. Von diesen Dingen sage ich im voraus, was ich auch früher schon gesprochen habe: die solches tun, werden das Reich Gottes nicht erben. Die Frucht des Geistes aber ist: Liebe, Freude, Friede, Langmut, Milde, Güte, Treue, Sanftmut, Enthaltsamkeit; hinsichtlich dieser Dinge gibt es kein Gesetz. Die, welche Jesus Christus zugehören, haben das Fleisch mit seinen Leidenschaften und Gelüsten gekreuzigt.

Wenn wir nun durch den Geist das Leben haben, so wollen wir auch im Geiste wandeln.

Galater 5, 1–6.13–25

12
DER REICHE JÜNGLING

Und als er sich auf den Weg machte, lief jemand auf ihn zu, fiel vor ihm auf die Knie und fragte ihn: »Guter Meister, was muß ich tun, um ewiges Leben zu erlangen?« Jesus sprach zu ihm: »Was nennst du mich gut? Nur einer ist gut: Gott allein. Die Gebote kennst du: Du sollst nicht töten, du sollst nicht ehebrechen, du sollst nicht stehlen, du sollst kein falsches Zeugnis geben, du sollst nicht vorenthalten, ehre deinen Vater und deine Mutter.« Er antwortete ihm: »Meister, das alles habe ich von meiner Jugend an befolgt.« Da schaute Jesus ihn an, gewann ihn lieb und sprach zu ihm: »Eines fehlt dir. Geh, verkaufe alles, was du hast, und gib es den Armen, und du wirst einen Schatz im Himmel haben – und komm und folge mir nach.« Bei diesem Wort überschatteten sich dessen Züge, und er ging traurig davon, denn er hatte viele Güter.

Markus 10, 17–22

13
GLAUBE UND WERKE

Was nutzt es, meine Brüder, wenn jemand behauptet, Glauben zu haben, ohne daß er Werke hat? Kann der Glaube ihn retten? Wenn da ein Bruder oder eine Schwester keine Kleider haben und des täglichen Unterhaltes entbehren und einer von euch sagt ihnen: »Geht hin in Frieden, wärmt euch und eßt euch satt« – ihr gebt ihnen aber nicht, was dem Leibe not tut –, was nutzt das? So ist es auch mit dem Glauben, wenn er keine Werke hat; für sich allein ist er tot.

Vielmehr wird man sagen: »Du hast Glauben, und ich habe Werke? Zeige mir deinen Glauben ohne die Werke, dann will ich dir aus meinen Werken meinen Glauben zeigen. Du glaubst, daß es nur einen einzigen Gott gibt. Da tust du recht. Auch die Dämonen glauben das und zittern. Willst du nun aber einsehen, du hohler Mensch, daß der Glaube ohne die Werke wirkungslos ist? Abraham, unser Vater, ist er nicht aus Werken gerechtfertigt worden, da er seinen Sohn Isaak auf dem Altar opferte? Da siehst du, daß sein Glaube mit seinen Werken zusammenwirkte und daß durch die Werke der Glaube zur Vollendung gebracht wurde. So erfüllte sich die Schrift, die da sagt: ›Abraham glaubte Gott, und das ward ihm zur Gerechtigkeit angerechnet, und er wurde Gottes Freund genannt.‹«

Ihr seht (also), daß der Mensch aus Werken gerechtfertigt wird, aber nicht aus Glauben allein. Ebenso aber auch Rachab, die Buhlerin; wurde sie nicht aus Werken gerechtfertigt, als sie die Boten aufnahm und auf einem anderen Weg entkommen ließ? Denn wie der Leib ohne Geist tot ist, so ist auch der Glaube ohne Werke tot.

Jakobus 2, 14–26

14
DAS GLAUBENSBEKENNTNIS BEIM OPFER DER ERSTLINGE

Wenn du in das Land kommst, welches dir Jahwe, dein Gott, zum Erbbesitz geben will, und du es in Besitz genommen hast und dich darin angesiedelt hast, so sollst du einen Teil der Erstlinge jeglicher Feldfrucht, welche du von deinem Lande einbringst, das dir Jahwe, dein Gott, verleihen will, nehmen, in einen Korb legen und dich an die Stätte begeben, welche Jahwe, dein Gott, erwählt, um daselbst seinen Namen wohnen zu lassen. Dann sollst du dich zum Priester begeben, der zu jener Zeit (im Amte) ist, und zu ihm sagen: »Heute tue ich Jahwe, deinem Gotte, kund, daß ich in das Land hineingelangt bin, dessen Überlassung an uns Jahwe unseren Vätern zugeschworen hat!« Der Priester soll nun den Korb aus deiner Hand entgegennehmen und ihn vor den Altar Jahwes, deines Gottes, hinstellen. Du aber sollst anheben und vor Jahwe, deinem Gotte, sprechen:

»Ein umherirrender Aramäer war mein Vater. Mit wenigen Leuten zog er hinab nach Ägypten und hielt sich dort als Fremdling auf, wurde aber daselbst zu einem großen und starken und zahlreichen Volke. Als uns dann die Ägypter schlecht behandelten und bedrückten und uns harten Frondienst auferlegten, schrien wir zu Jahwe, dem Gott unserer Väter, und Jahwe hörte auf unser Rufen und sah unser Elend, unsere Mühsal und Bedrängnis. Und Jahwe führte uns aus Ägypten weg mit starker Hand und ausgestrecktem Arme, mit großen Schrecken, unter Zeichen und Wundertaten. Er brachte uns an diesen Ort und gab uns dieses Land, das von Milch und Honig fließt. Und hier bringe ich nun die Erstlinge von den Früchten des Landes, das du, Jahwe, mir gegeben hast.«

Damit sollst du ihn (den Korb) vor Jahwe, deinem Gotte,

zurücklassen, dich vor Jahwe, deinem Gotte, niederwerfen und dich samt deiner Familie, dem Leviten und dem Fremdling, der in deiner Mitte sich aufhält, an all dem Guten freuen, das dir Jahwe, dein Gott, gab.

Deuteronomium 26, 1–11

15
DIE OFFENBARUNG DES NAMENS *JAHWEH*

Da sprach Mose zu Gott: »Wenn ich zu den Israeliten komme und ihnen sage: ‚Der Gott eurer Väter hat mich zu euch gesandt', und sie mich dann fragen: ‚Wie lautet sein Name?', was soll ich ihnen antworten?« Da sprach Gott zu Mose: »Ich bin da, der ich da bin!« Und er fuhr fort: »So sollst du zu den Israeliten sprechen: Der Ich-bin hat mich zu euch gesandt.« Und weiter sagte Gott zu Mose: »So sollst du zu den Israeliten sprechen: Jahwe, der Gott eurer Väter, der Gott Abrahams, der Gott Isaaks und der Gott Jakobs, hat mich zu euch gesandt. Dies ist mein Name für alle künftige Zeit und dies meine Benennung von Geschlecht zu Geschlecht.«

»Gehe, rufe die Ältesten Israels zusammen und sprich zu ihnen: Jahwe, der Gott eurer Väter, der Gott Abrahams, der Gott Isaaks und der Gott Jakobs, ist mir erschienen und hat gesagt: Ich habe auf euch geachtet und auf alles, was euch in Ägypten angetan worden ist. Darum habe ich beschlossen: Ich will euch aus dem Elend in Ägypten herausführen in das Land der Kanaaniter, Hethiter, Amoriter, Perisiter, Hiwwiter und Jebusiter, in ein Land, das von Milch und Honig fließt.

Exodus 3, 13–17

16
DIE SCHÖPFUNGSERZÄHLUNG DES »JAHWISTEN«

Am Tage, da Jahwe Gott Erde und Himmel machte, gab es auf der Erde noch kein Gesträuch des Feldes und wuchs noch keinerlei Kraut des Feldes. Denn Jahwe Gott hatte noch nicht auf die Erde regnen lassen, und der Mensch war noch nicht da, um den Erdboden zu bebauen. Da stieg eine Flut von der Erde auf und tränkte die ganze Fläche des Erdbodens. Dann bildete Jahwe Gott den Menschen aus Staub von dem Erdboden und blies in seine Nase einen Lebenshauch. So wurde der Mensch ein lebendes Wesen. Jahwe Gott pflanzte einen Garten in Eden, im Osten, und setzte dahinein den Menschen, den er gebildet hatte. Und Jahwe Gott ließ aus dem Erdboden allerlei Bäume hervorwachsen, lieblich anzusehen und gut zu essen, den Baum des Lebens mitten im Garten und den Baum der Erkenntnis des Guten und Bösen ... Jahwe Gott nahm den Menschen und setzte ihn in den Garten Eden, damit er ihn bebaue und bewache. Und Jahwe Gott gab dem Menschen dieses Gebot: »Von allen Bäumen des Gartens darfst du essen. Von dem Baum der Erkenntnis des Guten und Bösen aber darfst du nicht essen. Denn am Tage, da du davon issest, mußt du sicher sterben.«

Dann sprach Jahwe Gott: »Es ist nicht gut, daß der Mensch allein sei. Ich will ihm eine Hilfe machen, die ihm entspricht.« Jahwe Gott bildete noch aus dem Erdboden alle Tiere des Feldes und alle Vögel des Himmels, und er führte sie zum Menschen, um zu sehen, wie er sie benennen würde: so, wie der Mensch sie benennen würde, sollte ihr Name sein. Da gab der Mensch allem Vieh und den Vögeln des Himmels und allem Wild des Feldes Namen. Aber für einen Menschen fand er nicht die Hilfe, die ihm entsprochen hätte. Nun ließ Jahwe Gott einen Tiefschlaf über den Menschen fallen, daß dieser einschlief, und er nahm eine von seinen Rippen und schloß das Fleisch an ihrer Stelle zu. Dann baute Jahwe Gott die Rippe, die er vom Menschen genommen hatte, zu einem Weibe und führte es zum Menschen. Da sprach der Mensch:

»Das ist endlich Bein von meinem Bein und Fleisch von meinem Fleisch!

Diese soll Weib heißen, weil sie vom Mann genommen ist.«

Darum wird der Mann seinen Vater und seine Mutter verlassen und seinem Weibe anhangen, und sie werden zu einem Fleisch.

Beide waren nackt, der Mensch und sein Weib. Aber sie schämten sich nicht voreinander.

Genesis 2,4b–9.15–25

17
DER SCHÖPFUNGSBERICHT DER PRIESTERÜBERLIEFERUNG

Im Anfang schuf Gott den Himmel und die Erde. Die Erde aber war wüst und leer. Finsternis lag über dem Abgrund, und der Geist Gottes schwebt über den Wassern.

Da sprach Gott: »Es werde Licht!« Und es ward Licht. Gott sah, daß das Licht gut war, und Gott schied zwischen dem Licht und der Finsternis. Gott nannte das Licht Tag, und die Finsternis nannte er Nacht. Es ward Abend, und es ward Morgen: erster Tag.

Nun sprach Gott: »Es werde ein Firmament inmitten der Wasser und scheide zwischen Wasser und Wasser!« Und es geschah so. Gott machte das Firmament, und es schied zwischen den Wassern unterhalb des Firmamentes und den Wassern oberhalb des Firmamentes. Gott nannte das Firmament Himmel. Es ward Abend, und es ward Morgen: zweiter Tag.

Nun sprach Gott: »Es sammle sich das Wasser, das unter dem Himmel ist, zu einer Ansammlung, und es erscheine das trockene Land!« Und es geschah so. Gott nannte das trockene Land Erde, und die Ansammlung des Wassers nannte er Meer. Und Gott sah, daß es gut war.

Dann sprach Gott: »Es lasse grünen die Erde Grünes, Kraut, das Samen bringt, und Fruchtbäume, die Früchte auf Erden tragen, in denen ihr Same ist!« Und es geschah so. Die Erde brachte Grünes hervor, Kraut, das Samen bringt nach seiner Art, und Bäume, die Früchte tragen nach ihrer Art, in denen ihr Same ist. Und Gott sah, daß es gut war. Es ward Abend, und es ward Morgen: dritter Tag.

Nun sprach Gott: »Es sollen Leuchten werden am Firmament des Himmels, damit sie scheiden zwischen dem Tag und der Nacht; sie sollen als Zeichen dienen, für Festzeiten und Tage und Jahre. Sie sollen Leuchten sein am

Firmament des Himmels, um über die Erde zu leuchten.« Und es geschah so. Gott machte die beiden großen Leuchten, die größere Leuchte zur Herrschaft über den Tag, die kleinere Leuchte zur Herrschaft über die Nacht, dazu die Sterne. Gott setzte sie an das Firmament des Himmels, damit sie über die Erde leuchten, damit sie über den Tag und über die Nacht herrschen und zwischen dem Licht und der Finsternis scheiden. Und Gott sah, daß es gut war. Es ward Abend, und es ward Morgen: vierter Tag.

Nun sprach Gott: »Es sollen die Wasser wimmeln vom Gewimmel lebendiger Wesen, und Vögel sollen über die Erde am Firmament des Himmels hinfliegen!« Und es geschah so. Gott schuf die großen Seetiere und alle lebendigen Wesen, die sich regen und von denen das Wasser wimmelt, nach ihren Arten, und alle geflügelten Vögel nach ihren Arten. Und Gott sah, daß es gut war. Gott segnete sie und sprach: »Seid fruchtbar und mehret euch und erfüllet das Wasser in den Meeren, und die Vögel sollen sich vermehren auf Erden.« Es ward Abend, und es ward Morgen: fünfter Tag.

Nun sprach Gott: »Es bringe die Erde hervor lebendige Wesen nach ihren Arten: Vieh, Gewürm und Wild des Feldes nach ihren Arten!« Und es geschah so. Gott machte das Wild des Feldes nach seinen Arten, das Vieh nach seinen Arten und alles Gewürm auf dem Erdboden nach seinen Arten. Und Gott sah, daß es gut war.

Nun sprach Gott: »Laßt uns den Menschen machen nach unserem Bilde, uns ähnlich. Sie sollen herrschen über die Fische des Meeres und über die Vögel des Himmels, über das Vieh und über alles Wild des Feldes und über alles Gewürm, das auf dem Erdboden kriecht!«

Und Gott schuf den Menschen nach seinem Bilde, nach dem Bilde Gottes schuf er ihn, als Mann und Frau schuf er sie.

Gott segnete sie und Gott sprach zu ihnen: »Seid fruchtbar und mehret euch und erfüllet die Erde und macht sie euch untertan! Herrschet über die Fische des Meeres und über die Vögel des Himmels und über alles Getier, das sich auf Erden regt!« Dann sprach Gott: »Seht, ich übergebe euch alles Kraut, das Samen hervorbringt auf der ganzen Erde, und alle Bäume, die samentragende Früchte hervorbringen; das sei eure Nahrung. Allem Wild des Feldes, allen Vögeln des Himmels und allem, was sich auf Erden regt und Lebensodem in sich hat, gebe ich alles grüne Kraut zur Nahrung!« Und es geschah so. Und Gott sah alles, was er gemacht hatte, und siehe, es war sehr gut. Es ward Abend, und es ward Morgen: sechster Tag.

So wurden Himmel und Erde mit ihrem ganzen Heer vollendet. Gott vollendete am siebten Tag sein Werk, das er gemacht hatte, und ruhte am siebten Tag von seinem ganzen Werk, das er gemacht hatte. Und Gott segnete den siebten Tag und heiligte ihn, denn an ihm ruhte er von seinem ganzen Schöpfungswerk.

Dies ist die Entstehungsgeschichte des Himmels und der Erde, als sie erschaffen wurden.

Genesis 1, 1–2, 4a

18
DIE ENDZEITLICHE »GOTTESEHE«

An jenem Tag wird's geschehen, spricht Jahwe, da wird sie mich nennen: »Mein Mann«, und nicht mehr: »Mein Baal«. Da werde ich aus ihrem Munde nehmen die Namen der Baale, ihre Namen sollen nicht mehr erwähnt werden.

Ich schließe für sie an jenem Tage einen Bund mit den Tieren des Feldes und mit den Vögeln des Himmels und mit dem Gewürm der Erde, verbanne Bogen und Schwert und Krieg aus dem Lande und lasse sie wohnen in Sicherheit. Dann traue ich dich mir an auf immer, ich traue dich mir an in Gerechtigkeit und Recht, in Liebe und Erbarmen. Ich traue dich mir an in Treue, auf daß du erkennst, daß ich Jahwe bin.

Geschehen wird's an jenem Tage, spricht Jahwe, da erhöre ich den Himmel, und der wird die Erde erhören, und die Erde wird erhören Korn, Most und Öl, und die werden Jisreel erhören. Ich werde ihn säen im Lande und werde begnadigen die »Unbegnadet« und werde zu »Nicht-mein-Volk« sagen: »Mein Volk bist du«, und er wird sagen: »Mein Gott.«

Hosea 2, 18–25

19

DER NEUE ÄON

Denn siehe, ich will einen neuen Himmel und eine neue Erde schaffen, an das Frühere wird man nicht mehr denken, es kommt nicht mehr in den Sinn. Vielmehr wird man sich freuen und immerdar frohlocken über das, was ich schaffe. Denn seht, ich schaffe Jerusalem um zum Frohlocken und mein Volk zum Jubel. Ich selbst will über Jerusalem frohlocken und mich über mein Volk freuen; nicht soll man darin fürder Weinen und Weheklagen hören. Nicht wird es dort ein Kind von nur wenigen Tagen geben noch einen Greis, der nicht seine Tage auslebt. Denn der Jüngling wird als Hundertjähriger sterben, wer die hundert Jahre nicht erreicht, gilt als ein dem Fluch verfallener Frevler. Sie werden Häuser bauen und darin wohnen, Weinberge pflanzen und ihre Frucht selbst genießen. Nicht werden sie bauen, und ein anderer wird darin wohnen, nicht werden sie pflanzen, und ein anderer wird es genießen. Denn die Tage meines Volkes werden wie die Lebenstage eines Baumes sein; was ihre Hände gearbeitet haben, werden meine Auserwählten selbst verbrauchen. Nicht umsonst werden sie sich mühen und nicht Kinder zu jähem Tod gebären; denn sie sind ein Geschlecht der Gesegneten Jahwes, und ihre Sprößlinge bleiben bei ihnen. Bevor sie noch rufen, werde ich ihnen antworten, und während sie noch reden, werde ich sie schon erhören. Wolf und Lamm werden beieinander weiden, der Löwe wird Stroh fressen wie ein Rind, und Staub wird die Speise der Schlange sein. Nicht werden sie Schaden und Unheil stiften auf meinem ganzen heiligen Berg, spricht Jahwe.

Jesaja 65, 17–25

20
DAS HARREN DER SCHÖPFUNG AUF IHRE VERHERRLICHUNG

Ich schätze, daß die Leiden der gegenwärtigen Zeit in keinem Verhältnis stehen zu der künftigen Herrlichkeit, die sich an uns offenbaren wird. Denn die ungeduldige Sehnsucht der Schöpfung harrt auf das Offenbarwerden der Söhne Gottes. Wurde doch die Schöpfung der Nichtigkeit nicht mit freiem Willen unterworfen, sondern durch den, der sie unterwarf, mit der Hoffnung, daß auch sie, die Schöpfung, von der Knechtschaft der Vergänglichkeit befreit werde zur Freiheit der Herrlichkeit der Kinder Gottes. Wir wissen ja, daß die gesamte Schöpfung bis zur Stunde seufzt und in Wehen liegt. Und nicht nur das, auch wir, die wir die Erstlingsgabe des Geistes besitzen, auch wir seufzen in uns selbst in der Erwartung der Erlösung unseres Leibes. Denn auf Hoffnung sind wir gerettet. Eine Hoffnung aber, die man (schon erfüllt) sieht, ist keine Hoffnung. Was man (schon erfüllt) sieht, braucht man darauf noch zu hoffen? Hoffen wir aber auf das, was wir nicht sehen, so erwarten wir es in Geduld.

Römer 8, 18–25

21

DAS HIMMLISCHE JERUSALEM ALS VOLLENDUNG DER SCHÖPFUNG

Und ich sah einen neuen Himmel und eine neue Erde; denn der erste Himmel und die erste Erde sind vergangen, auch das Meer ist nicht mehr. Und die heilige Stadt, das neue Jerusalem, sah ich herabsteigen aus dem Himmel von Gott her, bereitet wie eine Braut, die für ihren Mann geschmückt wird. Und ich hörte eine mächtige Stimme vom Throne her sprechen: »Siehe, das Zelt Gottes unter den Menschen. Und er wird bei ihnen sein Zelt aufschlagen, und sie werden seine Völker sein, und er selbst, Gott mit ihnen, wird ihr Gott sein. Und er wird abwischen jede Träne von ihren Augen, und es wird keinen Tod mehr geben, auch keine Trauer, keinen Klageschrei, keine Mühsal wird es mehr geben; denn das Frühere ist vorbei.«

Und der auf dem Throne saß, sprach: »Siehe, ich mache alles neu.« Und er spricht: »Schreibe: Diese Worte sind zuverlässig und wahr.«

Offenbarung 21, 1–5

22
DER BUND ZWISCHEN LABAN UND JAKOB

Laban antwortete und sprach zu Jakob: »Die Töchter sind meine Töchter, und die Kinder sind meine Kinder, und das Kleinvieh ist mein Vieh, und alles, was du hier siehst, das gehört mir. Doch was kann ich heute noch für meine Töchter tun oder für meine Kinder, die sie geboren haben? So komm denn, wir wollen einen Bund schließen, ich und du ... und dies sei Zeuge zwischen mir und dir.«

Da nahm Jakob einen Stein und stellte ihn als Denkstein auf. Und Jakob sprach zu seinen Verwandten: »Lest Steine auf!« Sie lasen Steine auf, machten einen Steinhaufen und hielten dort auf dem Steinhaufen ein Mahl. Laban nannte ihn Jegar Sahaduta. Jakob aber nannte ihn Galed. Und Laban sprach: »Dieser Steinhaufe ist heute Zeuge zwischen mir und zwischen dir!« Darum nannte er ihn Galed und Mizpa, weil er sagte: »Jahwe sei Wächter zwischen mir und zwischen dir, wenn wir uns voneinander trennen. Behandelst du meine Töchter schlecht oder nimmst du zu meinen Töchtern noch andere Frauen – wenn auch niemand bei uns ist, siehe, Gott ist Zeuge zwischen mir und zwischen dir!« Und weiter sprach Laban zu Jakob: »Hier dieser Steinhaufe und dieser Denkstein, den ich zwischen mir und zwischen dir aufgerichtet habe, Zeuge sei dieser Steinhaufe, und Zeuge sei der Denkstein: weder darf ich zu dir hin über diesen Steinhaufen hinausgehen, noch darfst du zu mir hin über diesen Steinhaufen und diesen Denkstein in böser Absicht hinausgehen. Der Gott Abrahams und der Gott Nachors soll zwischen uns Richter sein!« Da schwur Jakob bei dem Verwandten Isaaks, seines Vaters. Dann brachte Jakob auf dem Gebirge ein Schlachtopfer dar und lud seine Verwandten zum Mahle ein. Sie verzehrten das Mahl und blieben die Nacht auf dem Gebirge.

Genesis 31,43–54

23
GOTTES BUND MIT NOACH

Dann sprach Gott zu Noach und zu seinen Söhnen, die bei ihm waren: »Seht, ich schließe meinen Bund mit euch und mit euren Nachkommen nach euch, und mit allen Lebewesen, die bei euch sind: mit den Vögeln, dem Vieh und allem Wild des Feldes bei euch, mit allem, was aus der Arche herausgegangen ist, mit allen Tieren der Erde. Ich schließe meinen Bund mit euch: nicht mehr soll alles Fleisch durch das Wasser der Flut vertilgt werden und keine Flut soll mehr kommen, um die Erde zu vernichten.«

Und Gott sprach: »Dies sei das Zeichen des Bundes, den ich zwischen mir und euch und allen lebenden Wesen bei euch für immerwährende Geschlechter schließe: Ich stelle meinen Bogen in die Wolken, er soll ein Zeichen des Bundes zwischen mir und der Erde sein. Wenn ich die Wolken über die Erde zusammenballe und der Bogen in den Wolken erscheint, dann will ich meines Bundes zwischen mir und euch und allen lebenden Wesen, allem Fleisch, gedenken: Nie mehr soll das Wasser zur Flut werden, um alles Fleisch zu vernichten. Wenn der Bogen in den Wolken erscheint, werde ich ihn ansehen, um des ewigen Bundes zwischen Gott und allen lebenden Wesen, allem Fleisch, das auf Erden ist, zu gedenken.«

Und Gott sprach zu Noach: »Dies ist das Zeichen des Bundes, den ich zwischen mir und allem Fleisch, das auf Erden ist, geschlossen habe.«

Genesis 9, 8–17

24
JAHWES BUNDESEID

Weiter sprach er zu ihm: »Ich bin Jahwe, der dich aus Ur in Chaldäa herausgeführt hat, um dir dieses Land zum Besitz zu geben.« Er antwortete: »Mein Herr, Jahwe, woran soll ich erkennen, daß ich es besitzen werde?« Da befahl er ihm: »Bringe mir eine dreijährige Kuh, eine dreijährige Ziege und einen dreijährigen Widder, eine Turteltaube und eine junge Taube!« Als er ihm alle diese Tiere gebracht hatte, schnitt er sie mitten durch und legte die Hälften einander gegenüber; die Vögel aber zerschnitt er nicht. Da stießen Raubvögel auf die Tierleichen herab. Abram aber verscheuchte sie.

Als die Sonne unterging, kam über Abram ein Tiefschlaf; ein großer Schrecken fiel auf ihn. Da sprach er zu Abram: »Du sollst wissen, daß deine Nachkommen Fremdlinge sein werden in einem Land, das ihnen nicht gehört. Sie werden ihnen dienen, und jene werden sie bedrücken vierhundert Jahre lang. Aber auch das Volk, dem sie dienen müssen, werde ich richten. Dann werden sie mit reicher Habe ausziehen. Du aber wirst in Frieden zu deinen Vätern eingehen und in hohem Alter begraben werden. Im vierten Geschlecht werden sie hierher zurückkehren, denn die Schuld der Amoriter ist noch nicht voll.«

Als die Sonne untergegangen und dichte Finsternis eingetreten war, ging etwas wie ein rauchender Ofen und eine brennende Fackel zwischen diesen Stücken hindurch. An jenem Tage schloß Jahwe mit Abram einen Bund, indem er sprach:

»Deinen Nachkommen gebe ich dieses Land
vom Bach Ägyptens bis zu dem großen Strom,

dem Euphratfluß, die Keniter und Kenisiter und Kadmoniter, die Hethiter, Perisiter und Rephaiter, die Amoriter, Kanaaniter, Girgaschiter und Jebusiter.«

Genesis 15, 7–21

25
GOTTES BUND MIT ABRAHAM

Als Abraham neunundneunzig Jahre alt war, erschien Jahwe dem Abram und sagte zu ihm:

»Ich bin El Schaddai. Wandle vor mir und sei vollkommen. Ich will meinen Bund stiften zwischen mir und dir und dich zahlreich machen, überaus zahlreich.«

Da warf sich Abram auf sein Angesicht nieder, und Gott sprach zu ihm: »Ich! Siehe, das ist mein Bund mit dir: Du sollst Vater einer Menge von Völkern werden. Darum sollst du nicht mehr Abram heißen, sondern Abraham soll dein Name sein. Denn ich mache dich zum Vater einer Menge von Völkern. Ich mache dich überaus fruchtbar und lasse dich zu Völkern werden, und Könige werden aus dir hervorgehen. Ich richte meinen Bund auf zwischen mir und dir und deinen Nachkommen nach dir durch alle Geschlechter als ewigen Bund, auf daß ich dir und deinen Nachkommen nach dir Gott sein werde. Ich gebe dir und deinen Nachkommen nach dir das Land, in dem du jetzt als Fremdling weilst, das ganze Land Kanaan, zum ewigen Besitz, und ich werde ihnen Gott sein.«

Weiter sprach Gott zu Abraham: »Du aber wahre meinen Bund, du und deine Nachkommen nach dir durch alle Geschlechter. Dies aber ist mein Bund, den ihr wahren sollt zwischen mir und euch und deinen Nachkommen nach dir: Alles Männliche unter euch soll beschnitten werden, und zwar sollt ihr an dem Fleische eurer Vorhaut beschnitten werden. Dies sei zum Zeichen des Bundes zwischen mir und euch. Mit acht Tagen soll alles Männliche unter euch beschnitten werden durch alle Geschlechter, der im Haus geborene Sklave ebenso wie der von irgendeinem Fremden um Geld gekaufte Sklave, der nicht zu deiner Nachkommenschaft gehört. Es soll also auch der im

Haus geborene und der um Geld gekaufte Sklave beschnitten werden. Mein Bund an eurem Fleische sei zum ewigen Bund. Was aber männlich und trotzdem unbeschnitten, wer am Fleische seiner Vorhaut nicht beschnitten ist, soll aus seinem Volk ausgerottet werden. Er hat meinen Bund gebrochen.«

Genesis 17, 1–14

26
DER MOSAISCHE BUNDESSCHLUSS

Er hatte zu Mose gesagt: »Steige zu Jahwe hinauf, du und Aaron, auch Nadab und Abihu und siebzig von den Ältesten Israels. Doch sollt ihr von ferne euch niederwerfen. Nur Mose soll zu Jahwe herantreten; jene dürfen nicht näher kommen. Das Volk soll nicht mit ihm hinaufsteigen.«

Darauf kam Mose und verkündete dem Volk alle Worte Jahwes und alle Satzungen. Das ganze Volk antwortete einmütig und sprach: »Alle Worte, die Jahwe geredet hat, wollen wir halten!« Nun schrieb Mose alle Worte Jahwes nieder. In der Frühe des anderen Morgens errichtete er einen Altar am Fuße des Berges und zwölf Malsteine, entsprechend den zwölf Stämmen Israels. Dann beauftragte er junge Männer Israels, Brandopfer darzubringen und junge Stiere als Gemeinschaftsopfer für Jahwe zu schlachten. Darauf nahm Mose die Hälfte des Blutes und goß es in Opferschalen, die andere Hälfte des Blutes sprengte er an den Altar. Dann nahm er das Bundesbuch und las es dem Volke vor. Sie aber erklärten: »Alles, was Jahwe gesprochen hat, wollen wir tun und befolgen!« Hierauf nahm Mose das Blut und sprengte es gegen das Volk und sprach: »Das ist das Blut des Bundes, den Jahwe mit euch auf Grund aller dieser Bedingungen geschlossen hat.«

Alsdann stiegen Mose und Aaron, Nadab und Abihu und siebzig von den Ältesten Israels hinauf. Sie schauten den Gott Israels und unter seinen Füßen ein Gebilde wie aus Saphirplatten und glänzend wie der Himmel selbst in seiner Reinheit. Er streckte aber seine Hand nicht gegen die Edlen Israels aus, vielmehr durften sie Gott schauen. Und sie aßen und tranken.

Exodus 24, 1–11

27
DER NEUE BUND

Siehe, es kommen Tage – spricht Jahwe –, da werde ich mit dem Hause Israel [und dem Hause Juda] einen neuen Bund schließen. Nicht wie der Bund, den ich mit ihren Vätern geschlossen habe, damals, als ich sie bei der Hand nahm und aus dem Lande Ägypten herausführte, diesen Bund – meinen Bund –: sie haben ihn gebrochen, obwohl ich ihr Herr war, spricht Jahwe. Sondern das ist der Bund, den ich mit dem Hause Israel nach jenen Tagen schließen werde, spricht Jahwe: Ich werde mein Gesetz in ihr Inneres legen und ihnen ins Herz hinein schreiben, und ich werde ihr Gott sein, und sie werden mein Volk sein. Dann brauchen sie sich nicht mehr gegenseitig zu belehren und einer zum andern zu sagen: »Erkennet Jahwe!« Sondern sie alle werden mich erkennen, klein und groß, spricht Jahwe. Denn ich vergebe ihre Schuld und denke nicht mehr an ihre Sünde.

Jeremia 31,31–34

28
DER IMMANUEL

Und weiter redete Jahwe zu Achas und sprach: »Erbitte dir ein Zeichen von Jahwe, deinen Gott, aus der Tiefe der Scheol oder hoch oben aus der Höhe.« Achas entgegnete: »Ich will keins erbitten und Jahwe nicht versuchen.« Da sprach er:

Hört, ihr vom Hause Davids! Ist es euch nicht genug, Menschen zu ermüden, daß ihr auch meinen Gott ermüdet? Darum wird euch der Herr selbst ein Zeichen geben: Seht, das junge Mädchen wird empfangen und einen Sohn gebären und seinen Namen Immanuel nennen. Von Dickmilch und Honig wird er sich nähren, bis er versteht, das Böse zu verwerfen und das Gute zu erwählen. Denn ehe noch der Knabe weiß, das Böse zu verwerfen und das Gute zu erwählen, wird das Land verödet sein, vor dessen beiden Königen dir graut. Über dich und über dein Volk und über das Haus deines Vaters läßt Jahwe Tage kommen, wie sie so nicht gewesen sind, seitdem sich Ephraim von Juda trennte [den König von Assur].

Jesaja 7,10–17

29
DER MESSIANISCHE FRIEDENSKÖNIG

Das Volk, das im Finstern wandelt, schaut ein großes Licht; über denen, die im Lande der Dunkelheit wohnen, erstrahlt ein Licht. Du machst groß ihren Jubel und gewaltig ihre Freude. Sie freuen sich vor dir, wie man sich in der Ernte freut, wie man frohlockt beim Beuteteilen.

Denn ihr drückendes Joch, die Stange auf ihrem Nakken, den Stock des Bedrückers zerbrichst du wie am Tage von Midian.

Denn jeder Soldatenstiefel, der dröhnend auftritt, und jeder Mantel, der in Blut gewälzt, wird verbrannt und eine Speise des Feuers.

Den ein Kind ist uns geboren, ein Sohn ist uns geschenkt; die Herrschaft ruht auf seinen Schultern. Man nennt seinen Namen: Wunderrat, starker Gott, Ewigvater, Friedensfürst. Groß ist die Herrschaft und endlos der Friede für Davids Thron und sein Königreich, das er aufrichtet und festigt in Recht und Gerechtigkeit. Von nun an bis in Ewigkeit wird die eifersüchtige Liebe Jahwes Zebaot solches tun.

Jesaja 9, 1–6

30
DER GEISTERFÜLLTE MESSIAS UND SEIN REICH

Aus Isais Stumpf aber sproßt ein Reis, und ein Schößling bricht hervor aus seinem Wurzelstock. Auf ihm ruht der Geist Jahwes: der Geist der Weisheit und des Verstandes, der Geist des Rates und der Stärke, der Geist der Erkenntnis und der Furcht Jahwes. [Ihn erfüllt die Furcht Jahwes.] Nicht richtet er nach dem Augenschein, noch fällt er sein Urteil nach dem Hörensagen. Sondern er richtet die Geringen in Gerechtigkeit und entscheidet in Geradheit über die Armen des Landes. Er schlägt den Gewalttätigen mit dem Stab seines Mundes und tötet den Frevler mit dem Hauch seiner Lippen.

Gerechtigkeit ist der Schurz seiner Lenden und Treue der Gurt seiner Hüften.

Dann wohnt der Wolf bei dem Lamm und lagert der Panther bei dem Böcklein. Kalb und Löwenjunges weiden gemeinsam, ein kleiner Knabe kann sie hüten. Die Kuh wird sich der Bärin zugesellen, und ihre Jungen liegen beieinander; der Löwe nährt sich wie das Rind von Stroh. Der Säugling spielt am Schlupfloch der Otter, und in die Höhle der Natter streckt das entwöhnte Kind seine Hand.

Sie schaden nicht und richten kein Verderben an auf meinem ganzen heiligen Berg. Denn das Land ist voll der Erkenntnis Jahwes, wie die Wasser das Meer bedecken.

Jesaja 11,1–9

31
DER RETTERKÖNIG AUS BETLEHEM

Du aber, [Betlehem] Ephrata, zwar das kleinste unter Judas Geschlechtern, doch aus dir wird mir hervorgehen, der über Israel herrschen soll. Sein Ursprung geht zurück bis in die Vorzeit, bis in längst entschwundene Tage. Darum wird er sie hingeben bis zur Zeit, da die Gebärende geboren hat und der Rest seiner Brüder zurückkehrt zu den Söhnen Israels. Und er tritt auf und regiert in der Kraft Jahwes, in der Hoheit des Namens seines Gottes, und sie werden ruhig wohnen, denn nun steht er groß da bis an die Grenzen der Erde.

Er selbst wird Friede sein. Er wird uns retten vor Assur, wenn es in unser Land kommt, wenn es in unser Gebiet eindringt.

Wenn Assur unser Land überfällt und unseren Boden betritt, dann stellen wir ihm entgegen sieben Hirten und acht Volksfürsten. Die werden Assur mit dem Schwerte weiden und das Land Nimrods mit der Klinge.

Micha 5, 1–5

32

DAS ERSTE LIED VOM GOTTESKNECHT

Seht, mein Knecht, den ich stütze, mein Erwählter, an dem ich mein Wohlgefallen habe! Ich lege meinen Geist auf ihn, daß er den Völkern die Wahrheit verkünde.

Er wird nicht schreien und nicht lärmen, noch läßt er auf den Straßen seine Stimme hören. Ein geknicktes Rohr zerbricht er nicht, und einen glimmenden Docht löscht er nicht aus.

In Treue trägt er das Recht hinaus. Er wird nicht ermatten und nicht zusammenbrechen, bis er das Recht auf Erden begründet; denn die Inseln harren auf seine Weisung.

So spricht Jahwe, der Gott, der den Himmel schuf und ihn ausspannte, der die Erde hinbreitete mit ihren Gewächsen, der den Lebenshauch dem Volke gibt, das auf ihr wohnt, und Odem denen, die auf ihr wandeln.

Ich, Jahwe, ich habe dich in Gerechtigkeit berufen; ich habe deine Hand erfaßt und dich gebildet. Ich habe dich zum Bunde für das Volk gemacht und zum Lichte für die Heiden,

daß du blinde Augen öffnest, Gefangene aus dem Gefängnis befreist und aus dem Kerker, die im Finstern sitzen.

Ich, Jahwe, das ist mein Name, meine Ehre gebe ich keinem andern, noch meinen Ruhm den Götzenbildern.

Das Frühere, seht, es ist eingetroffen; nun tue ich Neues kund. Bevor es aufsproßt, lasse ich es euch hören.

Jesaja 42, 1–9

33

DAS ZWEITE LIED VOM GOTTESKNECHT

Hört mich, ihr Inseln, und merkt auf, ihr fernen Völker! Jahwe berief mich vom Mutterleib, vom Mutterschoße an nannte er meinen Namen.

Er machte meinen Mund zu einem scharfen Schwert und hielt mich fest im Schatten seiner Hand; er machte mich zu einem glatten Pfeil, in seinem Köcher barg er mich.

Und er sprach zu mir: »Mein Knecht bist du, [Israel,] durch den ich mich verherrlichen will.« Ich aber sagte: »Ich habe mich umsonst gemüht, vergebens und nutzlos meine Kraft verzehrt.«

Doch fürwahr, mein Recht steht bei Jahwe, der Lohn bei meinem Gott. Ich wurde geehrt in den Augen Jahwes, mein Gott war meine Stärke.

Nun aber spricht Jahwe, der Herr, der mich vom Mutterleib zu seinem Knecht gebildet hat, um Jakob zu ihm zurückzuführen, und daß ihm Israel gesammelt werde:

»Zu wenig ist, daß du mein Knecht nur seist, um die Stämme Jakobs wieder aufzurichten und zurückzuführen, was aus Israel noch übrigbleibt. Ich mache dich zum Licht der Heiden, daß mein Heil bis an die Grenzen der Erde reiche.«

Jesaja 49, 1–6

34
DAS DRITTE LIED VOM GOTTESKNECHT

Der Herr Jahwe gab mir eine Jüngerzunge. Damit ich verstünde, dem Müden zu antworten, bewirkt er ein Wort. Er weckt an jedem Morgen mir das Ohr, damit ich wie ein Jünger höre. Der Herr Jahwe hat mir das Ohr geöffnet.

Ich aber widerstrebte nicht, wich nicht zurück. Meinen Rücken bot ich den Schlagenden dar und meine Wangen den Raufenden. Ich verbarg mich nicht vor Schmähung und Bespeien. Der Herr Jahwe war mein Helfer; ich wurde deshalb nicht zuschanden. Darum machte ich mein Angesicht zu einem harten Kiesel; ich wußte ja, daß ich nicht beschämt werde.

Nahe ist, der mir zum Recht verhilft. Wer will mit mir streiten? Lasset uns zusammentreten! Wer ist mein Gegner? Er trete zu mir heran!

Seht, der Herr Jahwe ist mein Helfer. Wer will mich verdammen? Seht, sie alle zerfallen wie ein Kleid; die Motte wird sie fressen.

Jesaja 50,4–9

35
DAS VIERTE LIED VOM GOTTESKNECHT

Seht, mein Knecht wird erfolgreich sein, erhöht werden, hoch emporsteigen und sehr erhaben sein.

Wie sich viele über ihn entsetzen – so unmenschlich entstellt war sein Aussehen, und seine Gestalt nicht mehr die der Menschenkinder –, so werden viele der Völker in Staunen geraten. Könige werden vor ihm ihren Mund verschließen; denn was ihnen noch nie verkündet wurde, sehen sie, und was sie niemals gehört, vernehmen sie:

»Wer glaubte dem, was wir vernahmen? Wem ward der Arm Jahwes enthüllt?«

Er wuchs empor vor uns wie ein Reis, wie eine Wurzel aus dürrem Erdreich. Keine Gestalt besaß er, noch Schönheit; [wir schauten,] und es war kein Anblick, daß wir sein begehrten. Verachtet war er und von den Menschen gemieden, ein Mann von Schmerzen, leiderfahren; wie einer, vor dem man sein Angesicht verhüllt, verabscheut, von niemand beachtet.

Aber wahrlich, unsere Krankheiten hat er getragen, unsere Schmerzen hat er auf sich geladen; doch wir hielten ihn für einen Geschlagenen, den Gott getroffen und gebeugt hat. Er ward durchbohrt um unserer Sünden willen, zerschlagen für unsere Missetaten. Zu unserem Frieden lag die Strafe auf ihm; durch seine Striemen ist uns Heilung geworden.

Wir alle irrten umher wie die Schafe, jeder ging seine eigenen Wege. Aber Jahwe ließ ihn treffen die Schuld von uns allen. Er wurde mißhandelt, doch er beugte sich. Er öffnet nicht seinen Mund. Wie ein Lamm, das man zur Schlachtbank führt; wie ein Schaf vor dem Scherer verstummt, öffnet er nicht seinen Mund.

Durch Gewalt und Gericht ward er ergriffen; wer kümmert sich um seinen Rechtsfall? Er ward herausgerissen aus dem Land der Lebendigen; unserer Sünden wegen ward er zu Tode getroffen. Bei Verbrechern bestimmte man sein Grab und bei Reichen seine Gruft, obgleich er niemals Unrecht tat und kein Trug in seinem Munde war.

Jahwe gefiel es, ihn durch Leiden zu zermalmen; wenn er sein Leben als Schuldopfer hingibt, wird er Nachwuchs sehen und viele Lebenstage, und der Plan Jahwes wird durch seine Hand gelingen.

»Nach der Mühsal seiner Seele wird er Licht sehen und sich sättigen. Durch sein Leiden wird mein Knecht viele rechtfertigen, indem er ihr Verschulden auf sich nimmt.

Darum will ich ihm die Vielen als Anteil geben, und die Mächtigen fallen ihm als Beute zu dafür, daß er sein Leben in den Tod dahingegeben hat und unter die Übeltäter gezählt ward, während er doch die Schuld der Vielen trug und für die Sünder eintrat.«

Jesaja 52, 13 – 53, 12

36
DER ENDZEITLICHE »MENSCHENSOHN«

Im ersten Jahre, da Belsazar König von Babel war, schaute Daniel einen Traum, und Gesichte standen ihm auf seinem Lager vor Augen. Er schrieb alsbald das Traumgesicht auf. Hier beginnt der Bericht: Daniel berichtet folgendes: Ich schaute in meinem nächtlichen Gesichte, wie die Winde aus den vier Himmelsrichtungen plötzlich das große Meer aufwühlten. Und vier großmächtige Tiere stiegen aus dem Meere heraus, jedes von anderer Gestalt. Das erste glich einem Löwen, hatte aber Flügel wie ein Adler. Während ich es noch betrachtete, wurden ihm die Flügel ausgerissen; dann wurde es vom Boden aufgerichtet und auf zwei Füße gestellt wie ein Mensch, und auch ein menschliches Herz wurde ihm gegeben. Dann erschien ein anderes, ein zweites Tier; es glich einem Bären; halb war es aufgerichtet; es hatte drei Rippen im Maule zwischen den Zähnen, und man ermunterte es noch: »Auf! Verschlinge viel Fleisch!« Nach diesem erschien, als ich (weiter) schaute, ein anderes Tier, gleich einem Panther; es hatte vier Vogelschwingen auf dem Rücken; vier Köpfe waren diesem Tier zu eigen, und Herrschermacht ward ihm gegeben. Und nach diesem erschien mir in den nächtlichen Gesichten ein viertes Tier; es war furchtbar, schrecklich und ungeheuer stark; es hatte mächtige Zähne von Eisen; damit fraß und zermalmte es; und was dann noch übrigblieb, das zertrat es mit den Füßen. Es war ganz verschieden von den Tieren vor ihm, und es hatte zehn Hörner.

Als ich betrachtend bei den Hörnern verweilte, siehe, da wuchs zwischen ihnen ein anderes, kleines Horn heraus; vor ihm brachen von den ersten Hörnern drei heraus. An diesem Horn waren Augen wie Menschenaugen zu sehen und ein Mund, der vermessene Reden führte. Ich schaute immer noch:

Da wurden Throne aufgestellt, und ein Hochbetagter setzte sich; sein Gewand war weiß wie Schnee, und seines Hauptes Haar war rein wie Wolle. Sein Thron war von Flammen und seine Räder von Feuerbränden.

Ein Strom von Feuer ging von ihm aus und floß daher. Tausendmal Tausende dienten ihm, und zehntausendmal Zehntausende standen vor ihm. Gericht wurde gehalten, und es wurden Bücher aufgeschlagen.

Ich hatte noch im Ohr den Lärm der vermessenen Reden, die das Horn geführt hatte, und während ich schaute, da wurde das Tier getötet; sein Leib ward zerstückelt und dem Feuer zum Verbrennen übergeben. Auch den übrigen Tieren war ihre Macht genommen worden, aber es wurde ihnen noch Lebensdauer gelassen für eine bestimmte Zeit.

Ich war immer noch in der Beschauung der nächtlichen Gesichte, da kam auf den Wolken des Himmels eine Gestalt wie ein Menschensohn; er gelangte bis zu dem Hochbetagten und wurde vor diesen hingeführt.

Ihm wurde nun Macht und Herrlichkeit und die Königsherrschaft gegeben. Alle Völker, Nationen und Sprachen sollten ihm dienen. Seine Herrschaft sollte eine ewige Herrschaft sein, die nie vergehen wird, und sein Königreich sollte niemals untergehen.

Ich, Daniel, war darüber in meinem Geiste entsetzt, und die Gesichte meines Hauptes erschreckten mich. Ich trat darum zu einem der Dienenden und bat ihn um zuverlässige Auskunft über alles; er redete mit mir und tat mir die Deutung der Vorgänge kund: »Jene vier großen Tiere bedeuteten vier Könige, die sich auf der Erde erheben werden. Dann werden aber die Heiligen des Höchsten das Königtum erhalten, und sie werden das Königtum besitzen für immer und in alle Ewigkeit.« Alsdann wünschte ich noch Gewißheit über das vierte Tier, das von den andern ganz verschieden und so überaus furchtbar war; das eiserne Zähne und eherne Krallen hatte; das fraß und zermalmte und den Rest mit den Füßen zertrat; und weiter über die zehn Hörner an seinem Kopfe und über das andere, das erst hervorwuchs und vor dem drei Hörner ausfielen; das Augen hatte und einen Mund, der vermessene Reden führte, und das größer erschien als die anderen. Ich hatte nämlich gesehen, wie dieses Horn Krieg führte gegen die Heiligen und sie knechtete, bis der Hochbetagte erschien; da wurde den Heiligen des Höchsten Recht verschafft, und es kam die Zeit, wo die Heiligen das Königtum in Besitz nahmen. Er antwortete:

»Das vierte Tier bedeutet: Es wird ein viertes Reich auf Erden erstehen, das von allen Reichen ganz verschieden ist. Es wird die ganze Welt verschlingen und sie zertreten und zermalmen.

Die zehn Hörner bedeuten: Aus jenem Reiche werden zehn Könige erstehen. Nach ihnen wird ein anderer sich erheben; dieser wird von den früheren ganz verschieden sein und wird drei Könige stürzen.

Selbst gegen den Höchsten wird er (vermessene) Reden führen; er wird die Heiligen des Höchsten hart bedrücken und darauf sinnen, Festzeiten und Gesetze zu ändern. Und die Heiligen werden in seine Hand gegeben werden für eine Zeit und zwei Zeiten und eine halbe Zeit.

Dann wird man zu Gerichte sitzen und ihm die Herrschaft nehmen, um sie endgültig auszutilgen und zu vernichten.

Alsdann wird das Königtum und die Macht und Größe aller Reiche unter dem Himmel dem Volk der Heiligen des Höchsten verliehen. Sein Königtum wird ewig dauern, und alle Mächte werden ihm dienstbar und hörig sein.«

Hier endet der Bericht.

Mich, Daniel, schreckten meine Gedanken so sehr, daß sich mein Angesicht verfärbte; die Worte aber behielt ich fest in meinem Sinn.

Daniel 7, 1–27

37

JEREMIAS RECHTSSTREIT MIT JAHWE

Du behältst recht, Jahwe, auch wenn ich mit dir streiten wollte. Nur eine Frage möchte ich mit dir besprechen: Warum haben die Gottlosen Glück in ihrem Leben? Warum genießen die treulosen Betrüger sichere Ruhe? Du hast sie gepflanzt, und sie fassen Wurzel, sie treiben Sprossen und bringen Frucht. Du bist nur ihrem Munde nah, aber fern von ihrem Innern. Aber du, Jahwe, kennst und durchschaust mich doch, du prüfst mein Herz, es ist mit dir. Scheide sie aus wie Schafe zur Schlachtung, weihe sie für den Tag des Mordens.

[...]

Denn sie sprechen: Gott sieht nicht unsere Wege. –

Wenn du mit Fußgängern läufst und sie dich schon ermüden, wie willst du da mit Rossen um die Wette rennen? Und bist du im friedlichen Lande nicht sicher, was wirst du erst tun im Dickicht des Jordan?

Selbst deine Brüder und deine Verwandten sind falsch gegen dich. Auch sie schreien hinter deinem Rücken aus vollem Hals. Trau ihnen nicht, wenn sie dir freundliche Worte geben!

Jeremia 12, 1–6

38
JEREMIAS KLAGE UND JAHWES ANTWORT

Weh mir, meine Mutter, daß du mich geboren hast, den Mann des Streites und des Haders für das ganze Land. Ich habe keinem geliehen und bin niemandem etwas schuldig, und doch fluchen mir alle. Wahrlich, Jahwe, habe ich dir nicht gut gedient, bin bei dir eingetreten für meinen Feind zur Zeit seiner Drangsal und seiner Not? Du weißt es.

Jahwe, denk an mich und sorge für mich und nimm Rache für mich an meinen Verfolgern. Dein Zorn ist zu langsam, laß mich nicht dahingerafft werden. Denk daran, daß ich um deinetwillen Schmach tragen muß. Fanden sich Worte von dir, so verschlang ich sie, eine Wonne war mir dein Wort und meine Herzensfreude. Ich bin doch nach dir genannt, Jahwe, Gott Zebaot. Nie saß ich fröhlich im Kreise der Lacher. Unter der Wucht deiner Hand saß ich einsam da, weil du mich mit Grimm gefüllt hast. Warum bohrt mein Schmerz ohne Unterlaß? Warum ist meine Wunde hoffnungslos, will nicht heilen? Wie ein Trugbach bist du mir geworden, ein unzuverlässiges Wasser.

Darum spricht Jahwe also: Wenn du umkehrst, so lasse ich dich wieder zu mir zurück, dann darst du (wieder) mir dienen. Und wenn du Edles äußerst, nichts Niedriges mehr, dann sollst du mein Mund sein. Jene sollen sich nach dir kehren. Aber du darfst dich nicht nach ihnen kehren. Dann mache ich dich für dieses Volk zur ehernen, unersteigbaren Mauer. Wenn sie auch gegen dich kämpfen: sie werden dich nicht bezwingen. Denn ich selbst bin mit dir, dir zu helfen und dich zu retten, spricht Jahwe. Und ich werde dich retten aus der Hand der Bösen und dich aus der Faust der Gewaltmenschen befreien.

Jeremia 15, 10–11.15–21

39
JEREMIAS SELBSTVERFLUCHUNG

Verflucht sei der Tag, an dem ich geboren. Der Tag, an dem meine Mutter mich gebar, er sei nicht gesegnet. Verflucht sei der Mann, der meinem Vater fröhlich meldete: »Ein Sohn ist dir geboren«, eine Freudenbotschaft für diesen. Dem Mann ergehe es wie den Städten, die Jahwe erbarmungslos in Trümmer legte. Am frühen Morgen schon soll er Schreckensrufe hören, und Kriegsgeschrei am hellen Mittag. Weil er mich nicht im Mutterleib sterben ließ, daß meine Mutter mir zum Grab geworden wäre, und ihr Schoß schwanger geblieben in Ewigkeit. Warum denn mußte ich aus dem Mutterschoß hervorgehen? Um Mühsal und Leid zu erleben und mein Leben in Schmach zu enden!

Jeremia 20, 14–18

LITERATUR

Bornkamm, E., Paulus, Stuttgart ²1973 (= Kohlhammer-Taschenbuch Nr. 119).

Braulik, E., Sage, was du glaubst. Das älteste Credo der Bibel – Impuls in neuester Zeit, Stuttgart 1979.

Buber, M., Zwei Glaubensweisen (1950), in: Werke I, München/Heidelberg 1962, S. 651–782.

Deissler, A., Die Grundbotschaft des Alten Testaments. Ein theologischer Durchblick, Freiburg etc. ⁸1981.

Eichrodt, W., Theologie des Alten Testaments, Teil 2/3. Göttingen ⁶1974.

»Glauben ohne Gott?« Thematisches Heft der Zeitschrift »Bibel und Kirche« 34, Heft 2/1979.

Gräßer, E., Der Glaube im Hebräerbrief, Marburg 1965.

Häring, H., Glaubensinformation heute, in: »Bibel und Kirche« 34, 1979, S. 95–100.

Hermisson, H. J./Lohse, E., Glauben, Stuttgart etc. 1978 (= Kohlhammer-Taschenbuch 1005).

Käsemann, E., Der Glaube Abrahams in Röm 4, in: Paulinische Perspektiven, Tübingen ²1972, S. 140–177.

Lohse, E., Glaube und Werke – zur Theologie des Jakobusbriefes, in: Die Einheit des Neuen Testaments, Göttingen 1973, S. 285–306.

Lohse, E., Grundriß der neutestamentlichen Theologie, Stuttgart 1974.

Lührmann, D., Glaube im frühen Christentum, Gütersloh 1976.

Rad, G. von, Theologie des Alten Testaments, Bd. 1, München ⁶1969.

Thomassen, C., Der Glaube nach Paulus, dargestellt an den Hauptbriefen des Apostels, Münster 1970.

Schmidt, W. H., Alttestamentlicher Glaube in seiner Geschichte, Neukirchen-Vluyn ³1982.

Schelkle, K. H., Die Theologie des Neuen Testaments, Bd. 3, Düsseldorf 1970, S. 88–101.

Worauf es ankommt

Wir werden auferstehen
Von Herbert Vorgrimler
Band 888, 176 Seiten, 2. Aufl.

Die Welt ist Gottes Schöpfung
Von Joachim Illies
Band 889, 128 Seiten

Gott hat sich offenbart
Von Karl-Heinz Weger
Band 946, 128 Seiten

Gottes Bund ist nicht gekündigt
Von Franz-Josef Helfmeyer
Band 988, 128 Seiten

Herderbücherei